Entscheidungen des Reichsgerichts.

Herausgegeben von

den Mitgliedern des Gerichtshofes und der Reichsanwaltschaft.

Entscheidungen

des

Reichsgerichts

in

Zivilsachen.

Neue Folge.

Dreißigster Band.

Der ganzen Reihe achtzigster Band.

Drittes Heft.

Leipzig,

Verlag von Veit & Comp.

1913

Literarischer Anzeiger
zu den
Entscheidungen des Reichsgerichts.

Verlag von Veit & Comp. in Leipzig.

№ 80

Der „Literarische Anzeiger“ erscheint in zwanglosen Nummern und bildet eine unentgeltliche Beilage der Entscheidungen des Reichsgerichts in Zivilsachen und in Strafsachen. Für seinen Inhalt ist ausschließlich die Verlagsbuchhandlung verantwortlich. Preis der einmal gespaltenen Petitzeile 60 ₰.

Metzger & Wittig, Leipzig.

Rechtsirrig ist die Auffassung des Berufungsrichters, daß S. und G. zufolge der Anfechtung der Auflassung den Hypothekenteil, wenn sie persönliche Schuldner der Hypothekenforderung gewesen wären, mit Rücksicht auf den ihnen wegen Hinfälligkeit der Grundstücksüberlassung gegen Frau F. zustehenden Bereicherungsanspruch nach § 1164 BGB. erworben hätten, und daß andernfalls dieser Erwerb sich nach § 1150 BGB. vollzogen hätte, weil S. und G. die vom Beklagten verlangten, fälligen Teilbeträge der Hypothek gezahlt hätten, um zu verhüten, daß sie infolge von Zwangsvollstreckung den Besitz des Grundstücks verlören. Nach dem Kaufvertrage vom 22. Oktober 1900, dessen Rechtsgültigkeit durch die Anfechtung der Auflassung nicht berührt wurde, waren S. und G. nicht berechtigt, von der Frau F. Ersatz des Gezahlten im Sinne des § 1164 BGB. zu verlangen, wenn sie persönliche Schuldner der Hypothekenforderung waren. Vielmehr hatten sie, wenn die Auflassung wegen der von ihnen verübten arglistigen Täuschung zufolge der Anfechtung der Frau F. nichtig war, sich so zu verhalten, daß das Kaufgeschäft gehörig zur Erfüllung gebracht wurde, insbesondere waren sie zur Bezahlung der fällig gewordenen Teilbeträge der Hypothek des Beklagten nach wie vor als persönliche Schuldner verpflichtet. Ein Anspruch auf Ersatz der an den Beklagten geleisteten Zahlung stand ihnen daher weder von vornherein noch zufolge Anfechtung der Auflassung zu. Deshalb kann § 1164 BGB. keine Anwendung finden. Ebensowenig ist aber, wenn S. und G. nicht persönliche Schuldner waren, § 1150 BGB. anwendbar. Denn S. und G. haben nicht als Besitzer, um den Verlust des Besitzes infolge von Zwangsvollstreckung zu verhüten, sondern zur Erfüllung der ihnen gegenüber der Frau F. obliegenden Verpflichtung die Zahlung an den Beklagten geleistet.

Demnach würde, wenn die Auflassung zufolge Anfechtung der Frau F. nichtig geworden wäre, der durch Zahlung zur Grundschuld gewordene Hypothekenteil von 5500 *M* nicht dem S. und dem G., sondern der Frau F. gehören, der auch das Grundstück zurück aufgelassen und die wieder als Eigentümerin eingetragen worden ist. Daher würde ein Anspruch des S. und des G. gegen den Beklagten auf Bewilligung der Grundbuchberichtigung und Vorlegung des Hypothekenbriefs, wie er vom Kläger auf Grund der Pfändung geltend gemacht wird, nicht bestehen. Allerdings ist, nachdem S.

und G. im Vorprozesse durch das Urteil vom 29. April 1905 rechtskräftig zur Rückauflassung des Grundstücks an Frau F. verurteilt worden waren, durch den im Auseinandersetzungsprozeß am 17. Februar 1910 geschlossenen Vergleich das ganze Kaufgeschäft rückgängig gemacht worden. Dadurch mögen S. und G. nunmehr einen Anspruch auf Erstattung des infolge des Kaufgeschäfts an den Beklagten als Hypothekengläubiger Gezahlten erlangt haben. Aber ein solcher Anspruch würde, wenn er nicht etwa zugleich durch die Vergleichsbestimmungen erledigt worden wäre, ein rein persönlicher Anspruch gegen Frau F. auf Grund der Aufhebung des schuldrechtlichen Kaufvertrags sein; eine dingliche Rechtsänderung hinsichtlich der der Frau F. infolge der Anfechtung der Auflassung zustehenden Grundschuld, insbesondere mit der Wirkung des Überganges des Gläubigerrechts von der Frau F. auf S. und G., wäre dadurch nicht herbeigeführt worden.

Demnach hängt die Entscheidung des Rechtsstreits davon ab, ob die Auflassung an S. und G. rechtsgültig war oder ob sie zufolge Anfechtung der Frau F. nichtig geworden ist. Die Revision meint nun, die Nichtigkeit stehe ohne weiteres fest, weil in dem Vorprozesse die Auflassung auf Grund der Anfechtung der Frau F. wegen arglistiger Täuschung rechtskräftig für nichtig erklärt worden und dieses Urteil auch im Verhältnis zwischen den gegenwärtigen Prozeßparteien wirksam sei, da die Frage, ob die Auflassung nichtig war, nur zwischen den daran Beteiligten festgestellt werden könne. Dies ist jedoch nicht zutreffend. Zunächst könnte sich fragen, ob durch ein Urteil im Vorprozesse die Nichtigkeit der Auflassung ausgesprochen worden ist. Unter den Parteien besteht darüber allerdings kein Streit. Aber durch das rechtskräftige Urteil im Vorprozesse vom 29. April 1905 ist nicht dahin erkannt worden, daß die Auflassung nichtig sei, sondern S. und G. sind, wie auf Grund schuldrechtlicher Verpflichtung zufolge einer Aufhebung des Kaufvertrags, zur Rückauflassung des Grundstücks Zug um Zug gegen gewisse von der Frau F. zu bewirkende Rückleistungen verurteilt worden. Abgesehen hiervon ist der Grundsatz maßgebend, daß ein Urteil, soweit nicht die im Gesetze besonders vorgesehenen oder aus der besonderen rechtlichen Natur des Urteils sich ergebenden Ausnahmen Platz greifen, nur zwischen den Parteien Recht schafft, zwischen denen es ergangen ist.

Vgl. Entsch. des RG.'s in Zivils. Bd. 71 S. 199, in Gruchot's Beitr. Bd. 46 S. 435; Jur. Wochenschr. 1909 S. 131 Nr. 2.

Einer der Ausnahmefälle, in denen zufolge ausdrücklicher Bestimmung der Zivilprozeßordnung (vgl. §§ 68, 76 Abs. 4, 325 bis 327, 629, 643, 644, 856 Abs. 4, 5, 976 Abs. 3) ein Urteil auch für und gegen andere Personen als die Prozeßparteien wirkt, ist hier nicht gegeben. Insbesondere ist der Beklagte, was allein in Betracht kommen könnte, nicht Rechtsnachfolger im Sinne des § 325 ZPO., da seine Hypothek bereits eingetragen war, als Frau F. die von ihr im Vorprozeß angefochtene Auflassung an S. und G. erteilte. Auf Vorschriften der Zivilprozeßordnung kann sich also der Beklagte nicht dafür berufen, daß das Urteil im Vorprozesse zu seinen Gunsten wirke. Allerdings kann die Voraussetzung eines später erhobenen Anspruchs nicht mehr streitig gemacht werden, wenn sie in einem früher rechtskräftig zuerkannten Anspruch oder in der Nichtexistenz eines früher rechtskräftig aberkannten Anspruchs besteht. Umgekehrt fällt ein später erhobener Anspruch ohne weiteres, wenn er das Nichtbestehen eines früher rechtskräftig zuerkannten Anspruchs oder das Bestehen eines früher rechtskräftig aberkannten Anspruchs zur Voraussetzung hat,

Entsch. des RG.'s in Zivils. Bd. 50 S. 416; Gruchot's Beitr. Bd. 49 S. 674; Jur. Wochenschr. 1910 S. 393 Nr. 13;

und im gegenwärtigen Streitfall ist die Rechtsgültigkeit der Auflassung, die in dem Vorprozesse rechtskräftig für nichtig erklärt sein soll, nach vorstehenden Ausführungen Voraussetzung für den vom Kläger geltend gemachten Anspruch. Jedoch betrifft jener Grundsatz nur die Frage, inwieweit nach § 322 ZPO. eine Entscheidung über einen früher geltend gemachten Anspruch Rechtskraft schafft hinsichtlich eines in einem anderen Rechtsstreite zwischen denselben Parteien später erhobenen Anspruchs. Für die Frage, ob die Wirkung eines Urteils sich auch auf andere Personen als die Prozeßparteien erstreckt, hat der Grundsatz keine Bedeutung. Ferner gehört das Urteil im Vorprozeß auch nicht zu den (sog. konstitutiven oder rechtsgestaltenden) Urteilen, die einen rechtserzeugenden oder rechtsvernichtenden Richterakt enthalten und denen wegen ihres rechtsändernden Charakters Wirksamkeit für und gegen jedermann beizumessen ist.

Vgl. Hellwig, Anspruch und Klagerecht § 58; Langheineken,

Urteilsanspruch S. 227 flg.; Kisch, Beitr. zur Urteilslehre S. 45 flg.; Balog, „Über das konstitutive Urteil“ in Grünhut's Zeitschr. Bd. 34 S. 124 flg.; Gaupp-Stein, Vorbem. II 3 vor § 253 ZPO.; Skonietzki-Gelpcke, Anm. 3 § 322, Anm. 2 § 69 ZPO.

Vielmehr ist das Urteil nur ein feststellendes (sog. deklarierendes) Urteil. Wäre die Anfechtung der Auflassung mit Recht erfolgt, so wäre die Auflassung schon zufolge der Anfechtungserklärung nichtig geworden, nicht erst durch den Ausspruch im Urteile, daß die Auflassung nichtig sei. Das Urteil bewirkte also keine Rechtsänderung, sondern es stellte nur fest, daß eine Rechtsänderung zufolge der Rechtshandlung einer Partei eingetreten sei. Deshalb hatte dieses Urteil nur zwischen den Parteien Rechtskraftwirkung. Allerdings hatte, wenn die Auflassung zufolge Anfechtung der Frau F. nichtig geworden war, diese Tatsache nach dem oben Ausgeführten auch rechtliche Wirkung hinsichtlich des im gegenwärtigen Rechtsstreite gegen den Beklagten erhobenen Anspruchs. Aber der Beklagte kann sich nicht darauf berufen, daß in dem Vorprozesse zwischen den Vertragsparteien die Nichtigkeit der Auflassung festgestellt sei. Diese Feststellung wirkt nicht zu seinen Gunsten; vielmehr muß er seinerseits zur Feststellung bringen, daß infolge der Anfechtung der Frau F. die Auflassung nichtig geworden ist, wenn er darauf seinen Einwand stützen will, daß der Klaganspruch, weil Frau F. den streitigen Hypothekenteil erworben habe, unbegründet sei.

Vgl. Hellwig, Wesen und subjektive Begrenzung der Rechtskraft S. 21 flg.“

---

73. Sind Vereinbarungen zwischen Reeder und Schiffsleuten zulässig, wonach ein gewisser Prozentsatz der Heuer als Beitrag zu Pensions- und Unterstützungskassen einbehalten werden soll?

Seemannsordnung vom 2. Juni 1902 §§ 46, 48.

Gesetz, betr. die Beschlagnahme des Arbeits- oder Dienstlohns, vom 21. Juni 1869 § 2 Abs. 2.

GewO. § 117 Abs. 2.

VII. Zivilsenat. Urt. v. 5. November 1912 i. S. 1. der Witwen- und Waisen-Pensionskasse des Norddeutschen Lloyd, 2. der Seemannskasse des Norddeutschen Lloyd, 3. des Norddeutschen Lloyd (Bekl.) w. L. u. Gen. (Kl.). Rep. VII. 131/12.

I. Landgericht Bremen.
II. Oberlandesgericht Hamburg.

Der Norddeutsche Lloyd hat im Interesse der von ihm auf Schiffen und am Lande Angestellten sowie der Witwen und Waisen dieser Personen im Jahre 1873 eine Seemannskasse, die Beklagte zu 2, und im Jahre 1893 eine besondere Witwen- und Waisen-Pensionskasse, die Beklagte zu 1, errichtet. Die satzungsmäßigen Beiträge der Kassenmitglieder werden von den Schiffsleuten durch Abzug von der Heuer bei deren Auszahlung gemäß einer vorher aufgemachten Heuerberechnung entrichtet. Die Kläger sind sämtlich auf Schiffen des Beklagten zu 3 bedienstet gewesen und haben während ihrer Dienstzeit den mitverklagten Kassen als Mitglieder angehört. Sie verlangten mit der Klage aus verschiedenen Rechtsgründen Rückgewähr der ihnen als Kassenbeiträge von der Heuer abgezogenen Beträge und machten unter anderem geltend, daß die Einbehaltung der Beträge bei Auszahlung der Heuer nach den Vorschriften der Seemannsordnung und des Lohnbeschlagnahmegesetzes unzulässig gewesen sei, so daß die Beträge noch als Lohnrückstand gefordert werden könnten.

Das Landgericht wies die Klage ab. Das Oberlandesgericht wies die Berufung der Kläger zurück, soweit sie sich gegen die Beklagten zu 1 und 2 richtete, erklärte dagegen die Klage dem Beklagten zu 3 gegenüber dem Grunde nach für berechtigt. Auf die Revision des Beklagten zu 3 wurde die Berufung der Kläger gegen das landgerichtliche Urteil im vollen Umfange zurückgewiesen.

Aus den Gründen:

... „Die Kläger fordern die Summe der für sie an die Beklagten zu 1 und 2 entrichteten Kassenbeiträge, die ihnen gegenüber bei den Heuerzahlungen verrechnet worden waren, von ihrem Arbeitgeber, dem Beklagten zu 3, als Lohnrückstände mit der Begründung, daß der Abzug der Beträge vom Heuerguthaben gemäß den §§ 46, 48 SeemO. und den §§ 1, 2 LohnbeschlG. der Rechtswirksamkeit entbehrt habe. In den Entscheidungen der Vorinstanzen ist aber zutreffend dargelegt, daß sich die Kläger auf die Seemannsordnung nicht mit Erfolg berufen können. Dieses Gesetz enthält keine Vorschrift, die einer Verrechnung der Kassenbeiträge auf die Heuer entgegenstände. Abweichend vom Landgerichte hat der Berufungsrichter die Ansicht vertreten, daß der Abzug der Beiträge von der Heuer den bezeichneten Vorschriften des Lohnbeschlagnahmegesetzes und dem § 394 BGB. widerstreite, und deshalb mit Recht von den Klägern als unzulässig angefochten werde. Dieser Ansicht, gegen die sich die Revision richtet, ist nicht beizustimmen.

Nach den neueren Satzungen der Beklagten zu 1 und 2 hat die Erhebung der Beiträge nach näherer Anweisung des Vorstandes durch den Kapitän, Zahlmeister oder Kassierer zu geschehen. Das Landgericht hat nun mit eingehender Begründung unter sachgemäßem Hinweis auf die ursprüngliche Satzung und auf das vorliegende Formular einer Heuerabrechnung angenommen, daß die vom Norddeutschen Lloyd geschlossenen Heuerverträge sinngemäß die Vereinbarung enthalten, daß sich die Angestellten bei Berechnung und Auszahlung des Heuerguthabens den Abzug der an die verklagten Kassen abzuführenden Beiträge gefallen lassen müssen. Von dieser Annahme, die auch im Berufungsurteil als möglich unterstellt wird, darf um so eher ausgegangen werden, als in der Verhandlung der Revisionsinstanz die Parteivertreter übereinstimmend die Auffassung bekundeten, daß bei Seeleuten auf einem anderen Wege die Einziehung der Kassenbeiträge praktisch nicht gut durchführbar wäre. Denn auf dem Boden dieser, schon im Urteile des Landgerichts vertretenen und betonten, Auffassung ist bei Mitberücksichtigung der ausschlaggebenden Wichtigkeit, die dem Eingange der Beiträge naturgemäß für die Wirksamkeit und den Fortbestand der Kassen zukommt, der Schluß gerechtfertigt, daß der tatsächlich ständig geübte Abzug der Beiträge von der Heuer von vornherein dem Vertragswillen der Beteiligten entsprach, daß mithin als stillschweigender und selbstverständlicher Bestandteil des Heuervertrags gemeint und gewollt war, die Kassenbeiträge sollten durch Verrechnung auf die Heuer zur Hebung kommen.

Im Urteile vom 24. Oktober 1911[1], für das ein gleichartiges, einen Bestandteil des Arbeitsvertrags bildendes, Abkommen in Betracht

---

[1] In Sachen D. u. Gen. w. K.'sche Pensionskasse u. Gen., Rep. VII. 55/11.
D. E.

zu ziehen war, konnte der Senat die Zulässigkeit des Abzugs der Kassenbeiträge vom Arbeitslohn ohne weiteres aus der Schlußvorschrift des § 117 Abs. 2 GewO. folgern. Dort sind Verabredungen zwischen den Gewerbetreibenden und den von ihnen beschäftigten Arbeitern über die Verwendung ihres Verdienstes für die Beteiligung an Einrichtungen zur Verbesserung der Lage der Arbeiter oder ihrer Familien, mit anderen Worten: für die Beteiligung an Wohlfahrtseinrichtungen, als rechtswirksam zugelassen, und die herrschende Meinung geht dahin, daß solche Verabredungen auch im Falle eines dem § 2 LohnbeschlG. entsprechenden Tatbestandes gültig seien. Den Anlaß zu jener, als Ausnahme gefaßten, Bestimmung gab das in den §§ 115flg. GewO. behandelte Verbot des Trucksystems. Dieses dem Schutze der gewerblichen Arbeiter dienende Verbot durfte und sollte, um nicht zweckwidrig zu wirken, einer Verwendung des Arbeitsverdienstes für die der Wohlfahrt der Arbeiter dienenden Einrichtungen nicht hindernd im Wege stehen.

Für die Rechtsverhältnisse der Schiffsmannschaften auf den Seeschiffen ist nun nicht die Gewerbeordnung, sondern die Seemannsordnung maßgebend. Ein Truckverbot besteht für diese Dienstverhältnisse nicht, und daraus erklärt es sich, daß die Seemannsordnung eine der erwähnten Schlußvorschrift des § 117 Abs. 2 entsprechende Bestimmung nicht enthält. Wenn aber Arbeiter, deren Rechtsverhältnisse nach dem siebenten Titel der Gewerbeordnung zu beurteilen sind, trotz der grundsätzlichen Regel, daß ihre Arbeitsvergütung in barem Geld und nicht durch Hingaben an Zahlungsstatt zu gewähren ist, vertraglich verpflichtet werden können, sich Lohnabzüge zur Verwendung für Wohlfahrtseinrichtungen gefallen zu lassen, so ist ein innerer Grund, warum nicht auch mit Schiffsleuten auf Seeschiffen solche Lohnabzüge wirksam vereinbart werden dürfen, nicht abzusehen. Müßten die vorliegend festgestellten Vereinbarungen der zur Verwendung für Wohlfahrtseinrichtungen dienenden Lohnabzüge den in § 2 LohnbeschlG. behandelten rechtsgeschäftlichen Verfügungen über gewisse Lohnforderungen zugezählt werden, so würde es sich rechtfertigen, den in der Gewerbeordnung zum Ausdruck gelangten Rechtsgedanken, der Verabredungen über Verwendung des Arbeitslohns zu Wohlfartszwecken als zulässig anerkennt, im Wege der Rechtsanalogie auch auf die Heuerverträge anzuwenden. Daß jener Gedanke im

Gewand einer Ausnahmebestimmung erscheint, kann einer entsprechenden Anwendung auf solche Fälle nicht entgegenstehen, die nicht auf dem von der Gewerbeordnung beherrschten Gebiete liegen, bei denen indes der innere Grund der Bestimmung zutrifft. Einen eigentlichen Ausnahmecharakter hat die Schlußbestimmung des § 117 Abs. 2 nicht. Sie sollte für ihren Bereich hauptsächlich Schranken beseitigen, die durch die vorangehenden Vorschriften gesetzt waren.

Es erscheint aber nicht notwendig, auf das Hilfsmittel der Analogie zurückzugehen. § 2 LohnbeschlG. bezieht sich auf vertragliche Verfügungen über rechtlich begründete Lohnforderungen. Im vorliegenden Falle ist aber, im wesentlichen Einklang mit der Rechtsanschauung des Landgerichts, anzunehmen, daß für die Kläger eine Forderung auf Zahlung der von der Heuer abgezogenen 5 Prozent an sie nicht begründet war und nie bestanden hat. Ihre Bargeldforderung war von vornherein beschwert und beschränkt durch das, einen Teil des Heuervertrags bildende, Abkommen, wonach 5 Prozent der Heuer als Kassenbeiträge einzubehalten und abzuführen waren. Diese, nach der Seemannsordnung zulässige, vertragliche Beschränkung haftete der Heuer als Eigenschaft an, so daß in Höhe jener 5 Prozent für die Kläger keine weitergehende Forderung begründet und entstanden ist als der hier nicht in Frage stehende Anspruch auf Abführung des Betrags an die Beklagten zu 1 und 2. Für die Auffassung, daß durch die Vereinbarung des Abzugs der 5 Prozent über einen Teil der den Klägern zustehenden Arbeitsvergütung verfügt worden sei, bleibt unter diesen Umständen kein Raum. Daraus folgt, daß die auf Zahlung der Summe der Kassenbeiträge als Lohnrückstand gerichteten Klagansprüche unbegründet sind." ...

---

74. Kann der Eigentümer bei der Enteignung auch Ersatz der Wertzuwachssteuer beanspruchen?

Preuß. Enteignungsgesetz vom 11. Juni 1874 § 8.

VII. Zivilsenat. Urt. v. 5. November 1912 i. S. der Stadtgemeinde Cöln (Bekl.) w. A. (Kl.). Rep. VII. 268/12.

I. Landgericht Cöln.
II. Oberlandesgericht daselbst.

Die Frage wurde verneint aus folgenden

Gründen:

... „Der Anspruch auf Ersatz der Wertzuwachssteuer ist unbegründet. Der Berufungsrichter rechtfertigt seine abweichende Auffassung zunächst damit, Klägerin könne verlangen, für die Enteignung so reichlich entschädigt zu werden, daß sie in der Lage sei, sich ein Grundstück von gleicher Güte, Lage und Beschaffenheit zu erwerben. Zur Entschädigung für Anschaffung eines solchen Grundstücks müsse daher ein Betrag in Höhe der vermutlichen Wertzuwachssteuer hinzutreten.

Die Frage, was der Eigentümer für ein gleichartiges Ersatzgrundstück aufwenden muß, ist allerdings für die Bemessung der Enteignungsentschädigung von Bedeutung (vgl. Entsch. des RG.'s in Zivils. Bd. 32 S. 305), aber die Wertzuwachssteuer, die von der Klägerin für das enteignete Grundstück nach den Vorschriften des öffentlichen Rechtes entrichtet werden muß, läßt sich nicht als Teil des Aufwandes ansehen, der wegen Beschaffung eines Ersatzgrundstücks zu machen ist, steht vielmehr damit in gar keinem Zusammenhange.

Der Berufungsrichter erwägt weiter, daß doch lediglich die Beklagte die steuerpflichtige Veräußerung herbeigeführt habe, und daß die Klägerin, wenn sie die Steuer von der Enteignungsentschädigung bezahlen müsse, ein geeignetes Ersatzgrundstück eben nicht erwerben könne. Hieran ist soviel richtig, daß ohne die von der Beklagten betriebene Enteignung die Wertzuwachssteuer noch nicht fällig gewesen sein würde. Daraus folgt aber nicht, daß die Klägerin berechtigt wäre, von der Beklagten neben dem Ersatze des vollen Wertes des Grundstücks auch noch den Ersatz dieser Steuer zu beanspruchen. Die Wertzuwachssteuer ist nicht bloß bei Enteignungen, sondern auch bei freihändigen Veräußerungen zu zahlen, und die Klägerin hat nicht behauptet, daß sie im Falle einer freihändigen Veräußerung in der Lage gewesen sein würde, die Steuer auf den Erwerber abzuwälzen. Eine solche Abwälzung würde auch gar nicht im Sinne der Steuervorschrift liegen, denn deren Zweck geht gerade dahin, den Veräußerer zu treffen; dieser soll, weil sein Grundstück während seiner Besitzzeit ohne sein Zutun einen Wertzuwachs erlangt hat, einen Teil dieses unverdienten Gewinns zu öffentlichen Zwecken herausgeben.

Die Enteignung kommt also für die Wertzuwachssteuer nur

insofern in Betracht, als sie deren Fälligkeit herbeigeführt hat; keineswegs bildet sie den Grund der Zahlungspflicht, dieser liegt vielmehr ausschließlich im Wertzuwachs. Die Beklagte könnte aber auch dafür nicht verantwortlich gemacht werden, daß sie die Fälligkeit der Steuer gegen den Willen der Klägerin vorzeitig herbeigeführt hat, denn dann müßte ihr auch zugute kommen, daß sie der Klägerin vorzeitig den Wertzuwachs bezahlt hat, und dieser Vorteil würde, wie ohne weiteres anzunehmen ist, jenem Nachteile mindestens gleichstehen.

Ist die Klägerin, weil sie die Enteignungsentschädigung mit zur Bezahlung der Wertzuwachssteuer verwenden muß, nicht imstande, sich ein geeignetes Ersatzgrundstück zu verschaffen, so erleidet sie freilich einen Nachteil. Die Ursache dieses Nachteils ist aber nicht darin zu suchen, daß die Enteignungsentschädigung zu niedrig bemessen wäre, sondern darin, daß nach öffentlichem Rechte ein Teil dieser Entschädigung der Klägerin wieder entzogen werden muß." . . .

---

75. 1. Bewertung schwebender Lieferungsverträge in der Bilanz einer Gesellschaft m. b. H., wenn die zu liefernden Waren am Bilanztage fertig lagern.

2. Unter welchen Voraussetzungen hat das Gericht, wenn es den Bilanzgenehmigungsbeschluß einer Gesellschaft m. b. H. aufhebt, die richtige Bilanz festzustellen und auf Zahlung der sich danach ergebenden, eingeklagten Dividende zu erkennen?

Gesetz, betr. Gesellschaften m. b. H., § 42.
HGB. § 40.
BGB. § 134.

II. Zivilsenat. Urt. v. 5. November 1912 i. S. B. Nordd. K.fabrik m. b. H. (Bekl.) w. J. R. (Kl.). Rep. II. 262/12.

I. Landgericht Landsberg.
II. Kammergericht Berlin.

In der ordentlichen Gesellschafterversammlung der Beklagten vom 26. Januar 1911 wurde die für den 31. August 1910 aufgestellte Bilanz nebst Gewinn- und Verlustrechnung gegen die Stimme des Klägers, der mit 302400 ℳ als Gesellschafter beteiligt ist, genehmigt. Diese Bilanz schließt mit einem Gewinne von 1218407,36 ℳ ab, von dem auf den Kläger der Betrag von 45360 ℳ entfallen würde, wenn der Gesellschafterbeschluß zu Recht bestände. In der Bilanz sind die bereits verkauften Waren nicht zu Verkaufspreisen, sondern nur zum niedrigeren Herstellungspreise angesetzt. Würden die Verkaufspreise eingesetzt, so würde sich ein Gewinn von 1643153,10 ℳ und daraus für den Kläger eine Dividende von 81648 ℳ ergeben. Der Kläger hält eine solche Berechnung für die allein richtige, sowohl nach § 23 der Gesellschaftsstatuten wie auch nach § 42 GmbHG. und § 40 HGB.

Der Kläger klagte deshalb auf Aufhebung der Beschlüsse vom 26. Januar 1911, auf Einsetzung eines Gewinns von 1643153,10 ℳ in die Bilanz sowie auf Auszahlung einer Dividende von 81648 ℳ. Das Landgericht wies die Klage ab. Das Kammergericht hob auf Berufung des Klägers das erste Urteil auf und gab der Klage statt. Die Revision der Beklagten ist zurückgewiesen worden aus folgenden

Gründen:

„1. Der Berufungsrichter nimmt an, sowohl nach § 23 der Statuten wie auch von Gesetzes wegen hätte nicht der Herstellungswert, sondern der Verkaufspreis der am 31. August 1910, dem Bilanztage, vorhandenen verkauften Warenbestände in die Bilanz eingestellt werden müssen.

§ 23 der Statuten lautet:

Für die Aufstellung der Bilanz kommen die gesetzlichen Vorschriften zur Anwendung; bei der Bilanzaufstellung sind jedoch die vorhandenen am 31. August noch nicht verkauften Warenvorräte zum Herstellungswerte bzw., wenn dieser höher als der Tageswert am 31. August ist, zu letzterem in die Bilanz einzustellen.

Nach der Auslegung, die der Berufungsrichter dieser Bestimmung gibt, sollte damit vorgeschrieben werden, daß nur der unverkaufte Teil des vorhandenen Vorrats zum Herstellungswert in die Bilanz eingestellt werden dürfe, daß aber der bereits verkaufte, den Käufern noch nicht abgelieferte Teil nach dem Werte der Kaufpreisforderungen zu schätzen sei. Diese Schätzung führt nach der Auffassung des Berufungsrichters zur Annahme des vollen Betrags der Kaufpreise als Bilanzwert.

Die Beklagte rügt, diese Auslegung des § 23 der Statuten stehe mit dem klaren Wortlaut im Widerspruch, weil § 23 gerade darüber schweige, wie es sich mit der Bewertung vorhandener, bereits verkaufter Ware verhalte. Dieses Schweigen deute auf die Anwendung der gesetzlichen Vorschrift hin, wonach der Herstellungswert ohne Rücksicht auf den höheren Kaufpreis allein maßgebend sei.

Der Berufungsrichter begründet seine Auslegung wie folgt. Die Beklagte handle ausschließlich mit Gattungssachen: Kartoffelmehl, Traubenzucker u. dgl. Daher beschränke sich das Schuldverhältnis erst dann auf einen bestimmten Teil der Vorräte, wenn dieser Teil dem Frachtführer übergeben sei (§§ 243 Abs. 2, 447 BGB.). Wolle man dem § 23 mit der Beklagten den Sinn geben, daß nur die dem Frachtführer übergebenen Waren als verkauft zu betrachten seien und daher mit dem Kaufpreis in der Bilanz zu erscheinen hätten, so wäre eine solche Regelung gegenüber dem Wortlaute des § 23 keine verständige. Nach der Art des Betriebs der Beklagten würde bei ihrer Auslegung der strittigen Stelle nur ein so geringer Bruchteil unter den Begriff der verkauften Ware fallen, daß ein praktischer Grund zu der von der Beklagten gemachten Unterscheidung zwischen Waren, die dem Frachtführer übergeben und solchen, die ihm noch nicht übergeben seien, nicht vorliegen würde. Dazu komme, daß die Beklagte selbst den § 23 bisher ebenso, wie der Kläger ihn auslege, verstanden habe. Denn sie habe etwa zehn Jahre hindurch immer die Verkaufspreise der Waren, die sie nach den am Bilanztage bestehenden Kaufabschlüssen zu liefern hatte, und die fertig lagerten, in die Bilanz eingestellt. Diese Übung sei unter dem frischen Eindrucke der Fassung der streitigen Stelle der Statuten entstanden und daher für die Auslegung bedeutsam.

Diese Auslegung konnte der Berufungsrichter dem § 23 der Statuten geben; denn der Wortlaut ist nicht klar und nicht unzweideutig. Nach dem Gesagten ist der Einwand der Beklagten unrichtig, es sei der Berufungsrichter von dem allerdings zu mißbilligenden Satze ausgegangen, daß die Beklagte an die Bewertung in früheren Jahren gebunden sei. Eine sog. Kontinuität der Bilanz gibt es nicht. Auch der weitere Einwurf ist nicht richtig, daß sich der Berufungsrichter mit seiner soeben erörterten Auslegung in Widerspruch setze, indem er an anderer Stelle annehme, in § 23 sei die Bewertung der verkauften, am 31. August 1910 noch nicht abgelieferten Waren offen gelassen. An der betreffenden Stelle erörtert der Berufungsrichter vielmehr seinen zweiten Entscheidungsgrund, der dahin geht, daß man zu demselben Ergebnis, wie im Wege der Auslegung, auch dann komme, wenn man annehme, der § 23 habe die Bewertung offen gelassen, so daß lediglich § 42 GmbHG. und § 40 HGB. maßgebend seien.

Gemäß § 42 GmbHG. kommen für die Bilanzen der Gesellschaft m. b. H. die in § 40 HGB. enthaltenen allgemeinen Vorschriften zur Anwendung. Danach sind sämtliche Vermögensgegenstände nach dem Werte in die Bilanz einzustellen, der ihnen in dem Zeitpunkte beizulegen ist, für welchen die Aufstellung der Bilanz stattfindet. Der Berufungsrichter wendet die Grundsätze über die Bewertung schwebender Kaufabschlüsse an (Entsch. des RG.'s in Zivils. Bd. 56 S. 18; Entsch. des Oberhandelsger. Bd. 24 S. 71), wonach Kaufpreisforderungen einen greifbaren Vermögenswert darstellen und unter Umständen in der Bilanz zu berücksichtigen sind, weil solche Lieferungsverträge das Vermögen der Gesellschaft berühren, und zwar sowohl als Aktiven wie als Passiven. Die hier fraglichen Kaufpreisforderungen besitzen nach der Darstellung des Berufungsrichters einen Wert in Höhe des vollen Forderungsbetrags. Der Berufungsrichter entnimmt dies einmal der Tatsache, daß am 31. August 1910 mehr fertige Vorräte vorhanden waren, als die Beklagte nach den damals schwebenden Lieferungsverträgen zu deren Erfüllung zu verwenden hatte, daß die schwebenden Verträge, von verschwindenden Ausnahmen abgesehen, mit diesen Vorräten erfüllt wurden und sich dabei keinerlei Verlust ergeben hat, und ferner aus dem Umstande, daß die Beklagte selbst die Forderungen aus diesen Kaufverträgen in einer von ihr aufgemachten, ebenfalls zur Abstimmung gestellten Eventualbilanz in gleicher Weise bewertet habe. Gegen diese Eventualbilanz seien auch im Prozesse keinerlei mit Tatsachen belegte Einwendungen vorgebracht worden. Die Beklagte vertritt dagegen die Ansicht, bei schwebenden Geschäften ständen sich Lieferungspflicht und Kaufpreisforderung als gleichwertig einander gegenüber, so daß für eine Buchung nichts übrig bleibe. Hieraus folge, daß die verkauften, dem Frachtführer noch nicht übergebenen, dem Käufer noch nicht gelieferten Waren mit dem Herstellungspreis in die Bilanz einzusetzen seien; der Unterschied zwischen dem Herstellungswert und dem höheren Kaufpreise komme als Gewinn desjenigen Jahres zur Buchung, in dem die Lieferung erfolge. Daß die Kaufpreise hier überall den Herstellungswert übersteigen, ist außer Zweifel.

Bei Entscheidung der hier aufgeworfenen Streitfrage ist davon auszugehen, daß es für die Einstellung von Waren in die Bilanz nach kaufmännischen Anschauungen darauf ankommt, ob die Waren am Bilanztage als zum Vermögen des die Bilanz Aufmachenden gehören. Nun befanden sich die hier in Frage kommenden Warenbestände am Bilanztage, dem 31. August 1910, sowohl im Gewahrsam als auch im Eigentum der Beklagten. Versendungsmaßregeln waren noch nicht getroffen. Eine Ausscheidung hatte nicht stattgefunden. Die Beklagte konnte daher am 31. August 1910 die Waren nicht in Ausgang buchen; sie gehörten rechtlich und auch nach den kaufmännischen Anschauungen noch zu ihrem Vermögen und hatten in ihrer Bilanz als Warenbestände zu erscheinen. Daß diese Waren fertig bearbeitet und zur Erfüllung damals schwebender Lieferungsverträge bestimmt waren, macht demgegenüber nichts aus.

Die Bewertung dieser Warenbestände hätte nach § 40 Abs. 2 HGB. und § 42 GmbHG. nach dem ihnen am 31. August 1910 beizulegenden Werte stattzufinden. Für die aktienrechtliche Bilanz wird durch § 261 Nr. 1 und 2 HGB. der Vorschrift des § 40 Abs. 2 HGB. die Einschränkung gegeben, daß der Anschaffungs- oder Herstellungswert die Höchstgrenze der Bewertung bildet. Diese Höchstgrenze ist der Bewertung bei Aufstellung einer Bilanz einer Gesellschaft m. b. H. nicht gezogen; denn der § 42 GmbHG., welcher die Bilanzvorschriften für die Gesellschaften m. b. H. enthält, hat nur den § 40 HGB. mit gewissen, hier nicht in Betracht kommenden Änderungen für anwendbar erklärt. Des § 261 HGB. ist keine Erwähnung getan. Er bleibt deshalb außer Anwendung. Da die Warenvorräte alle fertig waren, also keinerlei Aufwendungen mehr erforderten, an gute Kunden zu festen Preisen bereits verkauft waren, diese Preise auch ohne Verlust eingingen, so war deren Wert in der Tat auf den 31. August 1910 durch den Kaufpreis richtig ausgedrückt. Die Beklagte hat in ihre sog. Eventualbilanz selbst diese Preise in gehöriger Schätzung eingesetzt und auch im Prozesse dagegen nichts weiter vorgebracht, als daß diese sog. Eventualbilanz keine Eventualbilanz sei, und daß sie nicht alle fertigen Warenvorräte zur Erfüllung der damals schwebenden Lieferungsverträge verwendet habe. Dieser letztere Einwand ist völlig ohne Belang, wenn man, wie dies zu geschehen hat, die Absetzbarkeit an feste und sichere Käufer als entscheidend für die Bewertung erachtet. Der im geordneten Betriebe zu erzielende und auch erzielte Verkaufswert war also in die Bilanz aufzunehmen. Im Endergebnis ist somit die Entscheidung des Berufungsrichters zu billigen.

Die Beklagte hat zu diesem Punkte noch gerügt, der Berufungsrichter habe das Gutachten der Ältesten der Kaufmannschaft von Berlin vom 4. Juli 1911 nicht beachtet, demzufolge es Handelsbrauch sei, daß Waren zum Herstellungspreis in die Bilanz einzusetzen seien. Es genügt, auf den ganz klaren Wortlaut des Gutachtens zu verweisen, in dem das Vermeinte nicht gesagt wird. Auf die Ausführungen des Berufungsrichters und die daran gemachten Ausstellungen ist darum nicht einzugehen.

2. Die angegriffenen Beschlüsse der Gesellschaftsversammlung der Beklagten verletzen aus diesen Gründen, soweit sie die Genehmigung der Bilanz sowie der Gewinn- und Verlustrechnung und die Verteilung des Reingewinns aussprechen, den Gesellschaftsvertrag und das Gesetz. Sie sind insoweit vom Berufungsgerichte mit Recht gemäß § 134 BGB. als ungültig aufgehoben worden.

Der Berufungsrichter ist noch weiter gegangen. Er hat an Stelle der unrichtigen Bilanz die richtige Bilanz, an Stelle der unrichtigen Gewinn- und Verlustrechnung die richtige Gewinn- und Verlustrechnung gesetzt und zu der sich so ergebenden Summe von 81648 ℳ verurteilt. Die Beklagte wendet vergebens ein, der Kläger selbst sei mit seinem Klagantrage nicht soweit gegangen. Der Tatbestand des Berufungsurteils beweist das Gegenteil.

Zur Aufstellung der richtigen Bilanz und der richtigen Gewinn- und Verlustrechnung gelangte der Berufungsrichter, indem er die von der Beklagten selbst stammende, sog. Eventualbilanz zur Grundlage nahm. Die Beklagte erhebt den Einwand, es sei tatbestandswidrig, daß der Berufungsrichter auf eine Eventualbilanz Gewicht lege; der Kläger habe nie etwas von einer Eventualbilanz behauptet, eine Eventualbilanz sei überhaupt nicht vorhanden. Ebenso irrig sei die weitere Annahme des Berufungsrichters, daß eine solche Eventualbilanz zur Abstimmung gestellt worden sei.

Die Beklagte stößt sich an Äußerlichkeiten. Am 31. Dezember 1910, also vor der Gesellschafterversammlung vom 26. Januar 1911, hat die Beklagte dem Kläger eine Aufstellung der Warenvorräte auf den 31. August 1910 unter Berücksichtigung der Verkaufspreise mit den weiter erforderlichen Übersichten u. dgl. zur Benutzung überreicht. Diese Aufstellung bezeichnet der Berufungsrichter als Eventualbilanz. Schon in der Klage und später immer wieder hat der Kläger die in dieser Aufstellung gegebene Berechnung vorgetragen und nachgewiesen, daß sich daraus die Ziffern ergeben, die er in seinen Klagantrag aufgenommen hat. Diese Berechnung und deren vom Berufungsrichter gebilligtes Endergebnis ist von der Beklagten nicht beanstandet worden. Daß der Berufungsrichter diese Aufstellung als Eventualbilanz bezeichnet, ist nicht unrichtig, wenn man beachtet, daß der Kläger in der Gesellschafterversammlung vom 26. Januar 1911 die von der Gesellschaft vorgelegte Bilanz und die Gewinn- und Verlustrechnung durch Einsetzung der in dieser Aufstellung enthaltenen Ziffern geändert wissen wollte. Mit diesem Antrag ist damals der Kläger nicht durchgedrungen. Mit Rücksicht hierauf konnte der Berufungsrichter wohl sagen: „daß die Beklagte auch diese, doch ebenfalls zur Abstimmung gestellte Bilanz mit kaufmännischer Sorgfalt gezogen hat, unterliegt keinem Bedenken". Die Beklagte beschwert sich darüber, daß der Berufungsrichter sich nicht darauf beschränkt hat, lediglich die Ungültigkeit der angegriffenen Beschlüsse auszusprechen. Nach der Ansicht der Beklagten bedeutet das richterliche Aufstellen einer richtigen Bilanz und einer richtigen Gewinn- und Verlustrechnung sowie die Zuerkennung einer bestimmten Dividende einen unstatthaften Eingriff in die Rechte der allein zuständigen Mitgliederversammlung der Beklagten (§ 46 GmbHG.; vgl. § 260 HGB.).

Die Beklagte stellt sich also auf den Standpunkt, daß das Gericht nur aussprechen dürfe, es widersprächen die von der Gesellschafterversammlung gefaßten Beschlüsse dem Gesellschaftsvertrag oder dem Gesetze, daß es dem Gericht aber versagt sei, dem Klagantrage darin nachzugeben, daß es die Folgen der Überschreitung von Gesellschaftsvertrag und Gesetz festsetze. Der erste Zivilsenat des Reichsgerichts hat bereits in Entsch. des RG.'s in Zivils. Bd. 64 S. 261 und Bd. 76 S. 248 seine entgegengesetzte Auffassung dahin ausgesprochen, daß es auf die Lage des einzelnen Falles ankomme, ob die tatsächlichen und rechtlichen Verhältnisse nach Beseitigung des statuten- oder gesetzwidrigen Beschlusses durchaus als klar und unstreitig gelten können; sind die tatsächlichen und rechtlichen Verhältnisse klar und unstreitig, so ist der Richter nach jenen Entscheidungen, denen beigetreten wird, auch verpflichtet, die Folgerung, die sich als notwendig erweist, aus der Rechtslage zu ziehen, wenn ein dahin zielender Antrag gestellt worden ist, und die unstreitig richtigen Ziffern in die Bilanz einzustellen.

Die zuerst erwähnte Entscheidung (Entsch. des RG.'s in Zivils. Bd. 64 S. 261) ist schon so verstanden worden, als wolle sie den Satz aufstellen, daß der Richter bei erfolgreicher Anfechtung eines Beschlusses über die Genehmigung der Jahresbilanz und über die Gewinnverteilung ohne weiteres selbst die Bilanz und die Gewinnverteilung aufmachen und für maßgebend erklären könne (Pinner in Leipz. Zeitschr. 1907 S. 305). So wollen jene Urteile aber nicht verstanden sein. Nur wenn es im einzelnen Falle zweifellos ist, wie sich eine nach richtigen Grundsätzen aufgestellte Bilanz und Gewinnverteilung gestaltet, kann der Richter aus dieser Gestaltung unter Aufhebung des ungültigen Beschlusses zugleich die unerläßlichen Folgerungen ziehen.

So liegt der Fall aber hier. Der Berufungsrichter nimmt die von der Beklagten selbst aufgemachte sog. Eventualbilanz, welche mit den Kaufpreisen der fertigen Warenbestände auf den Bilanztag in gehöriger Schätzung rechnet, zur Grundlage. Er prüft diese Aufstellung selbst nach und findet sie richtig. Er bezeichnet diese Aufstellung, aus der sich die Berechtigung des Klagebegehrens ziffermäßig mit allen Einzelheiten ergibt, als unstreitig, insofern gegen die Richtigkeit der Berechnung keine tatsächlich begründeten Einwendungen vorgebracht worden seien. Diese Aufstellung hat sich nach der hinzugefügten Bemerkung des Berufungsrichters auch später als zutreffend erwiesen. Dem Umstande, daß geringe Mengen der am 31. August 1910 vorhandenen Waren nicht zur Erfüllung der am 31. August 1910 bestehenden Lieferungsverträge verwendet worden sind, mißt der Berufungsrichter keine Bedeutung bei. Die Beklagte rügt dieses Verfahren mit Unrecht. Der Berufungsrichter ist richtig verfahren, wie sich aus dem bereits Erörterten ergibt.

Unter diesen Umständen hat sich durch Einsetzen des richtig

geschätzten Verkaufswertes der fertigen Warenvorräte in die Bilanz irgend eine andere Bewertung nicht geändert. Es ist nicht behauptet worden, daß die Gesellschafterversammlung nach irgend einer Richtung etwas anderes beschlossen haben würde, als was der Berufungsrichter in seinem Urteil ausgesprochen hat. Unter diesen Umständen hätte sich auch materiell die Einberufung der Mitgliederversammlung und deren Beschlußfassung als eine inhaltslose Form erwiesen. Sie konnte nichts anderes mehr beschließen, nachdem die Beschlüsse vom 26. Januar 1911 nicht aufrecht zu erhalten waren. Die Beklagte meint nur, der Gewinnvortrag auf das folgende Geschäftsjahr würde bei richtiger Berechnung größer ausgefallen sein, als ihn der Berufungsrichter angenommen hat. Diese Bemerkung, die erst in der mündlichen Verhandlung vor dem Revisionsgerichte gemacht worden ist, beeinflußt, wenn sie richtig sein sollte, das vom Berufungsrichter gefundene Endergebnis in keiner Weise.

Aus diesen Gründen war die Revision zurückzuweisen, da dem Kläger in der Tat eine Dividende von 81648 *M* gebührt."

---

76. Haftet in Preußen die Gemeinde auf Grund des Gesetzes vom 1. August 1909 (§ 4) für Amtspflichtverletzungen der Volksschullehrer?

Preuß. Gesetz über die Haftung des Staates und anderer Verbände für Amtspflichtverletzungen von Beamten bei Ausübung der öffentlichen Gewalt vom 1. August 1909.

III. Zivilsenat. Urt. v. 5. November 1912 i. S. Gemeinde S. (Bekl.) w. K. u. Gen. in S. (Kl.). Rep. III. 186/12.

I. Landgericht Aurich.
II. Oberlandesgericht Celle.

Nach Behauptung der Kläger ließ der für den Schulverband S. angestellte Lehrer B. die Schüler der Schule in S., der einzigen Schule des Schulverbandes, unter ihnen den Kläger K., am 23. August 1910 am Reck turnen, ohne dabei für die bei solchen Übungen erforderliche Hilfsstellung gesorgt und ohne sich selbst so aufgestellt zu haben, daß er schützend hätte eingreifen können. Bei der Ausführung einer Übung fiel K., wie die Kläger weiter behaupten, von der Reckstange, schlug beim Fehlen der Hilfsstellung auf den Boden und brach das Ellbogengelenk des linken Armes. Die Kläger verlangen von der Beklagten den Ersatz des ihnen durch diesen Unfall erwachsenen Schadens.

Das Landgericht wies die Klage ab. Das Berufungsgericht erkannte klaggemäß. Auf die Revision der Beklagten ist das Urteil aufgehoben und die Berufung der Kläger zurückgewiesen worden aus folgenden

Gründen:

... „Da sowohl im früheren Geltungsbereiche des Preußischen Allgemeinen Landrechts als auch in dem vormals gemeinrechtlichen Gebietsteile Preußens eine Haftung des Staates, der Gemeinden oder anderer Kommunalverbände für den von ihren Beamten in Ausübung der diesen anvertrauten öffentlichen Gewalt dritten Personen zugefügten Schaden sonst nicht anerkannt ist (Entsch. des RG.'s in Zivils. Bd. 11 S. 209, Bd. 28 S. 340, Bd. 33 S. 206, Bd. 51 S. 220; Jur. Wochenschr. 1906 S. 85 Nr. 4, 1907 S. 255 Nr. 15), so kann es sich nur fragen, ob die Haftung der Beklagten auf die Vorschriften des preußischen Gesetzes über die Haftung des Staates und anderer Verbände für Amtspflichtverletzungen von Beamten bei Ausübung der öffentlichen Gewalt vom 1. August 1909 gestützt werden kann.

Durch dieses Gesetz wird die Haftung für Amtspflichtverletzungen der Volksschullehrer bei Ausübung der öffentlichen Gewalt nicht ausdrücklich geregelt. Der Entwurf des Gesetzes (Drucks. des Hauses der Abg. 21. Legisl.-Per. II. Sess. 1908/09 S. 604flg. Nr 32) enthielt zwar eine solche Bestimmung. In diesem Entwurfe befand sich nämlich außer der dem jetzigen § 1 Abs. 1 des Gesetzes gleichlautenden Bestimmung des § 1 Abs. 1 im § 4 Abs. 1 folgende Bestimmung:

Die Vorschriften der §§ 1 bis 3 finden entsprechende Anwendung:

1. auf die für den Dienst eines Kommunalverbandes angestellten Beamten mit der Maßgabe, daß an die Stelle des Staates der Kommunalverband tritt,
2. auf die Lehrer und Lehrerinnen eines Schulverbandes mit der Maßgabe, daß an die Stelle der Staates der Schulverband tritt.

Die Bestimmung des § 4 Abs. 1 Nr. 2 wurde jedoch im Herrenhause durch folgende Bestimmung ersetzt: „Die Vorschriften der §§ 1 bis 3 finden ferner auf die Lehrer und Lehrerinnen eines Schulverbandes Anwendung" (Stenogr. Ber. des Herrenh. 1908 und 1908/09 S. 392). Nachdem der Entwurf mit dieser Abänderung an das Abgeordnetenhaus zurückgelangt war, strich dieses die Bestimmung über die Lehrer vollständig, so daß der Entwurf die Fassung des jetzt geltenden Gesetzes erhielt (Stenogr. Ber. des Hauses der Abg. 1908/09 Bd. 5 S. 7567). Das Herrenhaus schloß sich darauf dem Abgeordnetenhause an (Stenogr. Ber. des Herrenh. 1908 und 1908/09 S. 450). Während also der Entwurf ebenso wie das fertige Gesetz unmittelbare Staatsbeamte und Kommunalbeamte unterschied und bei jenen den Staat, bei diesen den betreffenden Kommunalverband für haftbar erklärte, wurden die Lehrer und Lehrerinnen eines Schulverbandes weder der einen noch der anderen Klasse zugewiesen, sondern im äußeren Gegensatze zu beiden als Gruppe für sich behandelt und den grundlegenden Bestimmungen des Gesetzes mit der Maßgabe unterworfen, daß an die Stelle des Staates der Schulverband treten sollte. Die Staatsregierung wollte also die Volksschullehrer nicht als unmittelbare Staatsbeamte, aber auch nicht als Gemeindebeamte, sondern als ein Drittes angesehen wissen. Dies hat der Justizminister auch in beiden Häusern des Landtags ausdrücklich erklärt (Stenogr. Ber. des Hauses der Abg. 1908/09 S. 7573; Stenogr. Ber. des Herrenh. 1908 und 1908/09 S. 451).

Es erhoben sich hiergegen Angriffe, namentlich im Herrenhause (Stenogr. Ber. des Herrenh. 1908 und 1908/09 S. 451, 452). Es wurde gesagt, man behandele die Volksschullehrer als „nicht Fisch, nicht Fleisch", als „Amphibien", als „drittes Geschlecht". Man wies ferner darauf hin, daß der Begriff eines mittelbaren Staatsbeamten schlechthin, der kein unmittelbares Organ eines eigenen Gemeinwesens bilde, ein Unikum und juristisches Monstrum sei. Die Staatsregierung verteidigte den Entwurf damit, daß er bezüglich des Volksschullehrers nichts anderes wolle, als was in Preußen immer gegolten habe, daß es unter allen Umständen vermieden werden solle, in einem Sondergesetze, wie dem vorliegenden, allgemeine staatsrechtliche Fragen in einer Weise zu regeln, die bisher nicht anerkannt sei. Der Vertreter der Staatsregierung führte ferner aus, daß die Haftung für die Amtspflichtverletzungen der Volksschullehrer, obwohl diese keine Gemeindebeamten seien und auch durch den Entwurf nicht zu solchen gemacht werden sollten, dennoch den Gemeinden auferlegt werden müsse, da diese Haftpflicht zu der Schullast gehöre, deren Träger nach der Verfassung (Art. 25 Abs. 1) die Gemeinde sei (Stenogr. Ber. des Herrenh. 1908 und 1908/09 S. 393flg., 396; Stenogr. Ber. des Hauses der Abg. 1908/09 S. 7572). Gegen den Beschluß des Herrenhauses, der die Haftung für die Lehrer dem Staate auferlegte, hatte der Justizminister Verwahrung eingelegt, weil dadurch die Lehrer den unmittelbaren Staatsbeamten gleichgestellt würden. Er bezeichnete das Gesetz in dieser Form für die Staatsregierung als unannehmbar. Die völlige Entfernung der die Lehrer betreffenden Bestimmung geschah schließlich, um das Gesetz vor dem Scheitern zu retten.

Es fragt sich nun, was die Rechtsfolge der Streichung der die Haftung für Amtspflichtverletzungen der Lehrer betreffenden Bestimmung ist. Hierüber waren die Meinungen schon bei den Verhandlungen in beiden Häusern des Landtags geteilt. Von der einen Seite wurde die Ansicht vertreten, das Gesetz vom 1. August 1909 lasse die Haftung der Volksschullehrer unberührt, während andere meinten, das Gesetz finde auch auf die Volksschullehrer Anwendung, wenn sie nach ihrer staatsrechtlichen Stellung als unmittelbare Staatsbeamte (§ 1) oder als „für den Dienst eines Kommunalverbandes angestellte Beamte" (§ 4) anzusehen seien. Diese letztere Ansicht ist zu billigen. Denn das Gesetz enthält keinen Satz des Inhalts, daß es auf die Lehrer und Lehrerinnen eines Schulverbandes nicht anwendbar sei. Dieser Satz ist auch nicht im Wege der Auslegung in das Gesetz hineinzutragen, da in beiden Häusern des Landtags durchaus bestritten war, ob dieser Satz die Folge der Streichung sei.

Für die Entscheidung des vorliegenden Rechtsstreits kann die Frage, ob die Lehrer eines Schulverbandes als unmittelbare Staatsbeamte anzusehen sind, dahingestellt bleiben, da es ihrer Beantwortung nur bedürfte, wenn der Staat wegen der behaupteten Amtspflichtverletzung des Lehrers in Anspruch genommen wäre. Es kommt vielmehr nur darauf an, ob die Lehrer eines Schulverbandes unter den „für den Dienst eines Kommunalverbandes angestellten Beamten" im Sinne des § 4 Abs. 1 des Gesetzes mitbegriffen sind.

Dies ist schon deshalb zu verneinen, weil der Schulverband

nicht ein Kommunalverband im Sinne des § 4 des Gesetzes vom 1. August 1909 ist. Der Ausdruck „Kommunalverband" im § 4 ist, wie sich aus der Begründung zum Entwurfe des Gesetzes ergibt (Drucks. des Hauses der Abg. 20. Legisl.-Per. IV. Sess. 1907/08, Bd. 4 Nr. 185), in Anlehnung an den § 1 des Gesetzes, betr. die Anstellung und Versorgung der Kommunalbeamten, vom 30. Juli 1899 gewählt. Unter Kommunalverbänden im Sinne dieses Gesetzes sind aber nach dessen §§ 8 bis 22 nur die Stadtgemeinden, die Landgemeinden, die Landbürgermeistereien in der Rheinprovinz, die Ämter in der Provinz Westfalen, die Amtsbezirke, die auf Grund der Landgemeindeordnungen gebildeten Zweckverbände, die Kreis- und Provinzialverbände zu verstehen, nicht aber die Schulverbände. Der Ausdruck „für den Dienst eines Kommunalverbandes angestellte Beamte" statt des Ausdrucks „Kommunalbeamte" ist deshalb gewählt, weil es entscheidend ist, ob der Beamte für den Dienst eines Kommunalverbandes, nicht ob er von dem Kommunalverband angestellt ist; es haftet also nach dem in der Begründung zu dem Gesetze gegebenen Beispiele die rheinische Bürgermeisterei für die Amtshandlungen des Bürgermeisters, obwohl er vom Oberpräsidenten ernannt wird (Gemeindeordnung für die Rheinprovinz vom 23. Juli 1845 § 103 in Verbindung mit § 87 der Kreisordnung für die Rheinprovinz vom 30. Mai 1887). Daß in der Regierungsvorlage in dem Ausdrucke „Dienst eines Kommunalverbandes" nicht der Dienst des Schulverbandes miteinbegriffen war, ergibt sich mit Notwendigkeit aus der in Nr. 1 und 2 des § 4 Abs. 1 des Entwurfs gemachten Unterscheidung zwischen den in Nr. 1 genannten, „für den Dienst eines Kommunalverbandes angestellten Beamten" und den in Nr. 2 genannten „Lehrern und Lehrerinnen eines Schulverbandes".

Die spätere Streichung der die Lehrer und Lehrerinnen betreffenden Vorschrift ist auch nicht etwa aus der Erwägung erfolgt, daß der Schuldienst vom Kommunaldienste mitumfaßt werde. Vielmehr ist der Unterschied zwischen den „für den Dienst eines Kommunalverbandes angestellten Beamten" und den „Lehrern und Lehrerinnen eines Schulverbandes" sowohl vom Abgeordnetenhause wie auch vom Herrenhaus, als es die Haftung der Volksschullehrer auf den Staat übernahm, festgehalten worden. Die Streichung der die Lehrer betreffenden Vorschrift ist vielmehr nur erfolgt, weil man sich nicht einigen konnte, ob der Schulverband oder der Staat haften sollte. An eine Haftung des Kommunalverbandes ist nicht gedacht worden. Durch die Streichung des Abs. 1 Nr. 2 des § 4 des Entwurfs ist also an dem Sinne der Worte der Nr. 1 „die für den Dienst eines Kommunalverbandes angestellten Beamten“ nichts geändert worden. Auch die Staatsregierung ist bei der Bestimmung des § 4 Abs. 1 Nr. 2 des Entwurfs keineswegs davon ausgegangen, daß die Haftung der Schulverbände sich deshalb rechtfertige — entsprechend der Bestimmung des § 4 Abs. 1 Nr. 1 des Entwurfs —, weil die Volksschullehrer für den Dienst eines Kommunalverbandes angestellt seien. Sie hat vielmehr diese Bestimmung sowohl in der Begründung zum Entwurfe (Drucks. des Hauses der Abg. 1908/09 Bd. 1 Nr. 32 S. 615) als auch bei den Verhandlungen in beiden Häusern des Landtags (Stenogr. Ber. des Hauses der Abg. 1908/09 Bd. 3 S. 4564flg.; Stenogr. Ber. des Herrenhauses 1908 und 1908/09 S. 394) damit zu rechtfertigen gesucht, die Haftung für das Verschulden der Lehrpersonen stelle sich als ein Bestandteil der allgemeinen Schulunterhaltungslast dar und müsse daher den Schulverband treffen.

Verfehlt wäre es, den Umstand, daß im vorliegenden Falle der Schulverband mit der Gemeinde räumlich zusammenfällt, irgendwie für die Auslegung zu verwerten. Denn dies verbietet sich schon deshalb, weil es zahlreiche Fälle gibt, in denen der Schulverband mit der Gemeinde räumlich nicht zusammenfällt; der Schulverband kann sich auf mehrere Gemeinden erstrecken (sog. Gesamtschulverband), und es kann eine Gemeinde auch mehreren Gesamtschulverbänden angehören.

Die Frage, ob die Lehrer eines Schulverbandes unter den „für den Dienst eines Kommunalverbandes angestellten Beamten“ im Sinne des § 4 Abs. 1 des Gesetzes mitbegriffen sind, ist auch nach der ganzen Entwickelung des Volksschulwesens in Preußen zu verneinen.

Nach § 59 Abs. 5 Satz 2 des Gesetzes, betr. die Unterhaltung der öffentlichen Volksschulen, vom 28. Juli 1906 erfolgt die Anstellung der Volksschullehrer unmittelbar durch die Schulaufsichtsbehörde „für den Schulverband“. Diese Worte sind nicht dahin zu verstehen, als ob die Schulaufsichtsbehörde in Vertretung des Schulverbandes handle, sie bedeuten nach der Absicht des Gesetzes nicht, daß der Lehrer in ein Dienstverhältnis zu dem Schulverbande trete, sollen vielmehr nur besagen, daß dem Lehrer der Schulverband, d. h. alle dort befindlichen Schulen, als örtlicher Wirkungskreis zugewiesen wird, so daß der Lehrer wider seinen Willen auf eine andere Stelle innerhalb des Schulverbandes versetzt werden kann. Dies ergibt sich zunächst aus dem Berichte der Kommission des Abgeordnetenhauses über den Entwurf des Schulunterhaltungsgesetzes.

Drucks. des Hauses der Abg. 1906 Nr. 288 S. 441; vgl. Anschütz, a. a. O. S. 236; v. Bremen, Das Schulunterhaltungsgesetz vom 28. Juli 1906 S. 171 Note 9 zu § 59; Schiffer, Das preußische Schulunterhaltungsgesetz zu § 59 S. 95 Note 2.

Es steht aber auch im Einklange mit der ganzen Stellung der Volksschule in Preußen. Die Trennung der Zuständigkeit von Staat und Gemeinde auf dem Gebiete des Volksschulwesens in Preußen entspricht der Unterscheidung zwischen inneren und äußeren Schulangelegenheiten. Äußere Schulangelegenheiten sind diejenigen, welche die Errichtung, Ausstattung und Unterhaltung sowie das Vermögen der Schule betreffen. Zu den äußeren Schulangelegenheiten gehört wesentlich die Herstellung der für den Betrieb der Schule erforderlichen Vorbedingungen und die Beschaffung der dazu nötigen Mittel. Zu den inneren Angelegenheiten gehört alles, was sich auf das innere Leben der Schule, auf den Unterricht, den Lehrplan, die Methode, den Schulbesuch und die Schulzucht bezieht.

v. Bremen, Das Schulunterhaltungsgesetz 2. Aufl. S. 111; Loening, Jahrbuch des öffentlichen Rechts Bd. 3 S. 11; Anschütz a. a. O. S. 225.

Die Leitung der äußeren Angelegenheiten ist Sache der Gemeinde, jetzt des Schulverbandes, die Verwaltung der inneren Angelegenheiten, die sog. Schulaufsicht, steht dem Staate zu. Schon das Allgemeine Landrecht, II. 12 § 1, bezeichnete die Schulen als Veranstaltungen des Staates. Dies bedeutete, daß dem Staate hinsichtlich aller Schulen das Recht der Genehmigung, Beaufsichtigung und Leitung zustehe. In ALR. II. 12 § 12flg. ist von der Aufsicht und Direktion der gemeinen Schulen durch die Gerichtsobrigkeit die Rede, und die Geschäftsinstruktion für die Regierungen vom 26. Dezember 1808 § 3 sagt, daß die Direktion und Aufsicht sämtlicher Schulen der Regierung gebühre. Nach § 18, d, e der Instruktion zur Geschäftsführung der Regierungen in den Königlich Preußischen

Staaten vom 23. Oktober 1817 gebührt der Regierung die Direktion und Aufsicht über sämtliche öffentliche und Privatschulen sowie die Aufsicht und Verwaltung des gesamten Elementarschulwesens.

Diese Anschauung ist auch weiterhin, namentlich bei der Beratung des Art. 23 der preußischen Verfassungsurkunde, aufrecht erhalten worden. In den „Erläuterungen" zu den Bestimmungen der oktroyierten Verfassung vom 5. Dezember 1848 über Kirche und Schule (§§ 22 bis 25) ist von der Aufsicht und dem in ihr liegenden Bestimmungsrechte des Staates über die Schule unter Hinweis auf ALR. II. 12 § 1 und auf § 18, e der Regierungsinstruktion vom 23. Oktober 1817 ausdrücklich die Rede. In den Verhandlungen der durch Königliches Patent vom 5. Dezember 1848 einberufenen Ersten Kammer (Verhandlungen der Ersten Kammer S. 1053) wurde vom Unterrichtsminister der Staatsanstaltsgedanke ausdrücklich betont. Er bemerkte, das projektierte Unterrichtsgesetz werde örtliche Schulvorstände bilden, in denen auch Vertreter der Gemeinde und der Kirche Sitz und Stimme erhalten würden; diese Schulvorstände würden nicht nur äußere, sondern auch innere Schulangelegenheiten wahrzunehmen haben, die inneren aber nicht im Auftrage der Gemeinde oder der Kirche, sondern ausschließlich im Auftrage des Staates (a. a. O. S. 1055). Der Äußerung des Ministers in der Zweiten Kammer, daß die Leitung des Unterrichts Sache des Staates bleiben müsse (Verhandlungen der Zweiten Kammer S. 1206), wurde zugestimmt (a. a. O. S. 1209, 1210, 1243), von einem Abgeordneten mit dem Bemerken, jeder Lehrer, auch wenn er über die kleinste Schule gesetzt sei, stehe in unmittelbarer Verbindung mit dem Staate. Ein Antrag, welcher der Gemeinde eine „geeignete Mitwirkung" auch bei den inneren Angelegenheiten sichern wollte, wurde abgelehnt. In diesem Sinne ist denn auch Art. 23 Abs. 1 der Preußischen Verfassungsurkunde zu verstehen, nach dem alle öffentlichen Unterrichtsanstalten unter der Aufsicht vom Staate ernannter Behörden stehen, und Art. 24 Abs. 3 Satz 1, nach welchem die Leitung der äußeren Angelegenheiten der Volksschule der Gemeinde zusteht. Dem Staate steht also unter der Bezeichnung „Schulaufsicht" neben anderen Obliegenheiten auch die Verwaltung der inneren Angelegenheiten der gesamten Volksschule zu, streng genommen nicht eine Aufsicht, weil es an einer selbstverwaltenden Tätigkeit eines dem Staate untergeordneten Gemeinwesens auf dem Gebiete der inneren Schulangelegenheiten fehlt, sondern Führung und Leitung der Verwaltung selbst.

Aus dem Angeführten ergibt sich, daß der Volksschullehrer bei Ausübung seiner dienstlichen Tätigkeit nicht Geschäfte erledigt, die dem Schulverband obliegen; denn diesem liegt nur die Beschaffung der für die Schule erforderlichen Mittel ob. Der Volksschullehrer übt vielmehr eine Tätigkeit aus, die als Staatsaufgabe anzusehen ist. Das Wesen des Wirkens des Lehrers ist die Erfüllung einer staatlichen Pflicht, weil das Volksschulwesen nach der Verfassung eine Aufgabe des Staates ist, die öffentliche Natur der Schule als Anstalt außer Zweifel steht und die Natur des Dienstes sich nach der Natur der Anstalt richtet. Der Auftrag zum Schulamte wird dem Volksschullehrer vom Staate erteilt. Die ganze lehramtliche Tätigkeit des Volksschullehrers ist nicht als Dienst des Schulverbandes anzusehen, weil dieser mit ihr gar nichts zu tun hat. Der Schulverband ist gegenüber dem Volksschullehrer nicht der Berechtigte aus dem Anstellungsverhältnis, er hat gegenüber dem Lehrer keinerlei Aufsichts- oder Disziplinarbefugnisse. Nicht er, sondern der Staat stellt den Lehrer an, beaufsichtigt, beurlaubt, versetzt, diszipliniert, pensioniert und entläßt ihn. Wie der Abgeordnete Dr. v. Voß bei der Beratung des Entwurfs des Gesetzes vom 1. August 1909 im Abgeordnetenhause zutreffend bemerkte (Stenogr. Ber. des Hauses der Abg. 1908/09 Bd. 3 S. 4561), wirkt der Lehrer bei Ausübung seiner Tätigkeit nicht für den Schulverband, sondern im Schulverbande für die Erfüllung staatlicher Aufgaben. Der Lehrer übt rein staatliche Funktionen aus; denn die Erteilung des Unterrichts, der Stundenplan, die Abhaltung des Turnunterrichts, der Jugendspiele, die Führung der Aufsicht in den Klassen usw. werden durch Instruktionen der vorgesetzten Behörden, insbesondere der Regierung, nicht etwa durch Maßnahmen der Schulverbände (Gemeinden) geregelt. Die ganze praktische Tätigkeit des Lehrers fußt auf staatlichen Anordnungen. Gerade diese Erwägung, daß der Schulverband auf das Verhalten des Lehrers, auf seine Dienstführung, nicht den mindesten Einfluß habe, da dessen gesamte Tätigkeit unter der Leitung und Aufsicht des Staates stehe, ist auch bei den Beratungen des Entwurfs im Herrenhause dafür geltend gemacht worden, dem Staate die Haftung für die Amtspflichtverletzungen der Volksschullehrer aufzulegen.

Aber nicht nur die ganze Entwickelung des Volksschulwesens in Preußen macht es unmöglich, die schulamtliche Tätigkeit als Dienst eines Kommunalverbandes anzusehen. Die Volksschullehrer sind nach dem Stande der Preußischen Gesetzgebung und der Praxis der Verwaltungsbehörden auch nicht als Kommunalbeamte behandelt worden. Sie sind nicht Kommunalbeamte im Sinne des Gesetzes, betr. die Anstellung und Versorgung der Kommunalbeamten, vom 30. Juli 1899; denn sie werden nicht von der Kommune angestellt, und diese hat auch keine Disziplinargewalt über sie. Nach der herrschenden Meinung gehört ein Beamter dem Gemeinwesen an, dessen Beamter ihn anstellt (Laband, Reichsstaatsrecht, 4. Aufl. Bd. 1 S. 404; Meyer-Anschütz, Staatsrecht S. 502; Anschütz in der Festgabe der Berliner juristischen Fakultät für Gierke 1910 Bd. 1 S. 240), nach einer anderen Meinung dem Gemeinwesen, dessen Gewalt er ausübt und in dessen Zuständigkeit seine Amtsfunktionen wurzeln (Preuß. Städtisches Amtsrecht S. 207 flg.). Nach beiden Theorien waren die Volksschullehrer als Staatsbeamte anzusehen. Eine dritte, namentlich in der älteren Literatur vertretene Lehre, nach welcher der Beamte in zweifelhaften Fällen demjenigen Gemeinwesen angehören soll, dessen Kasse ihn bezahlt (Loening, Verwaltungsrecht S. 117 Nr. 2), ist nicht zu billigen (Laband, Reichsstaatsrecht, 5. Aufl. I S. 435; Anschütz in der Festgabe der Berliner juristischen Fakultät für Gierke, 1910 Bd. 1 S. 241; v. Seydel, Bayerisches Staatsrecht Bd. 2 S. 191 Anm. 40). Sie versagt auch bei unbesoldeten Beamten.

Die Frage, ob der Volksschullehrer Beamter und wessen Beamter er ist, ist durch die vorkonstitutionelle Gesetzgebung nicht ausdrücklich entschieden worden (v. Rönne, Preußisches Staatsrecht, 4. Aufl. Bd. 2 S. 482 Noten 3 bis 6). Auch in der konstitutionellen Gesetzgebung ist die Frage nicht beantwortet. Nach Art. 23 Abs. 2 der preußischen Verfassungsurkunde vom 31. Januar 1850 haben die öffentlichen Lehrer die Rechte und Pflichten der Staatsdiener. Dieser Artikel ist zwar durch Art. 112 der Verfassungsurkunde suspendiert, d. h. bis zum Erlasse des in Art. 26 vorgesehenen, das ganze Unterrichtswesen regelnden Gesetzes bewendet es hinsichtlich des Schul- und Unterrichtswesens bei den geltenden gesetzlichen Bestimmungen. Dies ist aber dahin zu verstehen, daß durch Art. 112 die Art. 20 bis 25 der Verfassungsurkunde nur soweit suspendiert sind, als sie zu ihrer

Verwirklichung noch des Erlasses des im Art. 26 verheißenen Unterrichtsgesetzes bedürfen.

v. Rönne, Preußisches Staatsrecht, 4. Aufl. § 167 II S. 451/52; Stenogr. Ber. des Hauses der Abg. für 1864 S. 592 flg.; Disziplinaruntersuchungsbeschluß des preußischen Staatsministeriums vom 31. Oktober 1868, abgedruckt bei Schneider und v. Bremen, Das Volksschulwesen im preußischen Staate, Bd. 1 S. 888/89.

Die neuere Gemeindegesetzgebung hat nichts darüber bestimmt, ob die Volksschullehrer als Gemeindebeamte anzusehen sind. Ob daraus, daß die §§ 17, 30 der Städteordnung vom 30. Mai 1853 und die entsprechenden Bestimmungen der übrigen Städteordnungen und der Landgemeindeordnungen die Lehrer in einen Gegensatz zu den Gemeindebeamten stellen, zu folgern ist, die Eigenschaft der Lehrer als Gemeindebeamten habe dadurch verneint werden sollen, ist bestritten. Das Preußische Oberverwaltungsgericht (Entsch. Bd. 14 S. 75) nimmt es an. Von anderer Seite wird geltend gemacht, der Gesetzgeber habe durch jenen Gegensatz nur der Frage nicht vorgreifen wollen und die Lehrer vorsichtshalber besonders namhaft gemacht für den Fall, daß die künftige Gesetzgebung, nämlich das in Art. 26 der Verfassungsurkunde verheißene Unterrichtsgesetz, sie nicht zu den Gemeindebeamten rechnen würde. Nach der Praxis der Disziplinarbehörden fallen die Lehrer unter das Disziplinargesetz vom 21. Juni 1852, werden mithin insoweit als nicht richterliche Staatsbeamte angesehen. Von der Verwaltungspraxis sind die Lehrer nie als Gemeindebeamte im Sinne der Gemeindeordnungen und des Kommunalbeamtengesetzes vom 30. Juli 1899 behandelt, insbesondere ist dem Bürgermeister keine Disziplinargewalt über sie zugestanden worden (vgl. z. B. den Erlaß des Kultusministers und des Ministers des Innern vom 28. Mai 1845; MinBl. für die innere Verwalt. 1845 S. 161). Auch der § 20 des Zuständigkeitsgesetzes vom 1. August 1883 ist nicht auf sie angewendet worden; sie sind also nach der durch diesen § 20 bewirkten Scheidung der Gemeindebeamten von den Staatsbeamten auf dem Gebiete des Disziplinarrechts bei der Gruppe der Staatsbeamten verblieben. Das Gesetz, betr. die Heranziehung der Beamten, Elementarlehrer und Kirchendiener zur Gemeindeeinkommensteuer, vom 16. Juni 1909 stellt in der Überschrift die Elementarlehrer in einen Gegensatz zu den Beamten, im § 1 in einen Gegensatz zu den unmittelbaren und auch zu den mittelbaren Staatsbeamten. Daraus kann aber nicht mehr geschlossen werden, als daß auch hier wieder die Frage der Rechtsstellung der Lehrer offen gelassen ist. Das Gesetz vom 1. August 1909 hat, wie bereits erwähnt, die Frage auch nicht entschieden.

Daß die Volksschullehrer keine Kommunalbeamten sind, nimmt auch v. Bremen (Die Preußische Volksschule § 38 S. 373 Anm. 1) an. In der Rechtsprechung sind sie nicht zu den Gemeindebeamten gerechnet worden.

Vgl. Entsch. des Preuß. OVerwG. Bd. 14 S. 40 flg. für die Städteordnung von 1853 § 56 Nr. 6; ebenso Entsch. des Gerichtshofs zur Entscheidung der Kompetenzkonflikte vom 23. Juni 1858 im MinBl. f. d. inn. Verwaltg. 1858 S. 156 und die weiteren bei v. Bremen, Die Preußische Volksschule § 38 S. 373 Note 1, angeführten Entscheidungen.

In der Entscheidung des Preuß. Oberverwaltungsgerichts vom 5. Januar 1904 (Preuß. Verwaltungsbl. Bd. 25 S. 870 flg.) werden die Volksschullehrer als mittelbare Staatsbeamte bezeichnet; dabei wird auf Entsch. OVerwG. Bd. 34 S. 172, Bd. 37 S. 121 verwiesen. Nach dem Urteile des Reichsgerichts vom 3. November 1898 (Entsch. des RG.'s in Zivils. Bd. 42 S. 282) ist ein Lehrer an einer städtischen Volksschule mittelbarer Staatsbeamter im Sinne des § 69 ALR. II. 10.

Keine Besonderheiten sind etwa deshalb gegeben, weil es sich hier um einen Volksschullehrer in der Provinz Hannover handelt. Denn mag der Lehrer auch nach dem früheren hannoverschen Landesrechte zu dem clerus minor gehört haben und in dieser Eigenschaft den für die Kirchendiener maßgebenden Disziplinarvorschriften unterworfen gewesen sein, so ist doch seine Stellung seit der Einführung der preußischen Verfassung in die Provinz Hannover der Stellung des Volksschullehrers in den älteren Landesteilen durchaus gleich.

Endlich wird die Ansicht des Berufungsgerichts, daß für Amtspflichtverletzungen der Volksschullehrer der Schulvorstand oder die Gemeinde auf Grund des Gesetzes vom 1. August 1909 hafte, in der Literatur, soweit ersichtlich, nirgends vertreten.

Vgl. Mertin, DJurZ. 1909 S. 1359 flg.; Schönborn, Jahrbuch des öffentlichen Rechts Bd. 4 S. 300; Kröner, Die

Beamtenhaftpflicht im Reich und in den Bundesstaaten S. 38 Anm. 9; Salmann, Die Haftung für Beamte in Preußen und im Reiche S. 55; Anschütz, Festgabe der Berliner juristischen Fakultät für Gierke Bd. 1 S. 221 flg.; Delius, Haftpflicht für Beamte 2. Aufl. S. 394."

---

77. Haftet der Ersteher persönlich für eine in der Zwangsversteigerung bestehen gebliebene Grundschuld des Zwangsversteigerungsschuldners? ZwVG. § 53.

V. Zivilsenat. Urt. v. 6. November 1912 i. S. Konkursmasse Gr. (Kl.) w. S. (Bekl.). Rep. V. 231/12.

I. Landgericht Posen.
II. Oberlandesgericht daselbst.

Das zur Konkursmasse der Eheleute G. gehörige Grundstück wurde am 22. Oktober 1910 zwangsweise versteigert und vom Beklagten erstanden. Nach den Versteigerungsbedingungen blieb eine eingetragene Sicherungshypothek von 9000 ℳ bestehen. Nachdem im Teilungsverfahren die Gläubigerin die Erklärung abgegeben hatte, daß ihr Ansprüche nicht zuständen, wurde die Hypothek als Grundschuld auf den Namen der Gemeinschuldner umschrieben. Dann kam das Grundstück erneut zur Zwangsversteigerung, und hierbei fiel die Grundschuld bis auf einen Betrag von 193,93 ℳ aus. Der Konkursverwalter war der Ansicht, daß der Beklagte in Höhe des Ausfalls persönlich hafte und beanspruchte mit der Klage Zahlung eines Teilbetrags von 4600 ℳ nebst Prozeßzinsen.

Klage und Berufung blieben erfolglos. Auch die Revision wurde zurückgewiesen.

Gründe:

„Die Revision macht geltend, der Beklagte habe die Sicherungshypothek auf den Kaufpreis übernommen, und er schulde den Betrag seines Gebots in der ersten Zwangsversteigerung noch jetzt, da die Sicherungshypothek in Wirklichkeit eine Eigentümergrundschuld der Versteigerungsschuldner gewesen sei. Unter Hinweis auf eine Entscheidung des Reichsgerichts (Jur. Wochenschr. 1896 S. 61 Nr. 25) glaubt die Revision, daß der Fall nicht anders beurteilt werden könne, als beim gewöhnlichen Grundstückskaufe. Werde hier vom Käufer eine Hypothek in Anrechnung auf den Kaufpreis übernommen und stelle sich dann heraus, daß die Hypothek dem Verkäufer selbst als Eigentümergrundschuld zustehe, so bleibe die Kaufpreisforderung bestehen. Allein sieht man auch davon ab, daß der Eigentumsübergang, der in der Zwangsversteigerung sich durch den Zuschlagsbeschluß vollzieht, nach dem Zwangsversteigerungsgesetze nicht unter den für den Kauf geltenden Vorschriften steht (Entsch. des RG.'s in Zivils. Bd. 60 S. 54, Bd. 67 S. 382), so ist vor allem unzutreffend, daß der Beklagte die Hypothek auf den Kaufpreis übernommen habe. Die Sicherungshypothek war, wie der unstreitige Tatbestand ergibt, „nach den Versteigerungsbedingungen bestehen geblieben", und für einen solchen Fall bestimmt § 53 Satz 1 ZwVG., daß der Ersteher bei einer Hypothek die Schuld nur dann übernimmt, falls für sie der Schuldner zugleich persönlich haftet. Im vorliegenden Falle waren Ansprüche, für welche die Sicherungshypothek bestellt war, überhaupt nicht erwachsen, die Hypothek stand daher als Eigentümergrundschuld den Gemeinschuldnern selbst zu, so daß eine Übernahme der „Schuld" durch den Beklagten als Ersteher nicht in Frage kommen kann. Der mit der Klage geltend gemachte persönliche Anspruch besteht nicht."

---

78. Beendigung des Rechtsstreits ohne Urteil über die Kosten im Sinne des § 123 Abs. 2 ZPO.

V. Zivilsenat. Beschl. v. 9. November 1912 i. S. Sch. (Kl.) w. B. (Bekl.). Rep. V. 50/97.

Gründe:

„In dem Revisionsurteile vom 12. Juli 1897, das die Vorentscheidung des Oberlandesgerichts in Naumburg aufhob, war die Entscheidung über die Kosten der Revisionsinstanz dem künftigen Endurteile vorbehalten worden. Durch Urteil vom 6. Juli 1903 hat darauf das Oberlandesgericht die Kosten beiden Teilen zur Hälfte auferlegt. Als nun am 3. Mai 1904 der Gerichtsschreiber des

Reichsgerichts die Hälfte der Revisionskosten im Betrage von 1367,80 *M* von den Revisionsbeklagten einforderte, erhoben diese mit Rücksicht darauf, daß sie gegen das neue Urteil des Oberlandesgerichts ihrerseits Revision eingelegt hätten (V. 425/03), ihrem Prozeßgegner aber das Armenrecht bewilligt sei, auf Grund der §§ 120, 123 Abs. 2 ZPO. Widerspruch gegen die Einforderung der Gerichtskosten. Infolge dieser Erinnerung, worin die Wiederaufnahme des schon damals zum Stillstand gekommenen neuen Revisionsverfahrens und Beendigung binnen 3 Monaten in Aussicht gestellt wurde, ist von der Einziehung der Kosten durch Beschluß vom 4. Juni 1904 wieder Abstand genommen worden, weil unter der die Einziehung der Gerichtskosten nach § 123 Abs. 2 ZPO. begründenden „Verurteilung in die Prozeßkosten" nach der Rechtsprechung des Reichsgerichts eine „rechtskräftige" Entscheidung zu verstehen ist (vgl. Entsch. in Zivils. Bd. 6 S. 418, Bd. 23 S. 352).

Das Revisionsverfahren in Sachen V. 425/03 ist aber nicht fortgesetzt worden. Vielmehr haben dort am 5. Februar 1912 die früheren Revisionsbeklagten, jetzigen Revisionskläger den Antrag gestellt, den zu V. 425/03 eingezahlten Gerichtskostenvorschuß durch verzinsliche Wertpapiere zu ersetzen, weil sie den Prozeß ihrerseits nicht betreiben wollten und die Möglichkeit bestehe, daß das Verfahren bis zu der nach 30 Jahren eintretenden Verjährung liegen bleibe. Darauf hat die Gerichtsschreiberei von neuem am 22. Juni 1912 den obigen Gerichtskostenbetrag von 1367,80 *M* eingefordert.

Die hiergegen erhobene Erinnerung ist unbegründet, weil nunmehr der zweite Fall des § 123 Abs. 2 ZPO., der der „Rechtsstreitbeendigung ohne Urteil" zur Anwendung kommt. Eines urkundlichen Nachweises bedarf es hierzu nicht, die fragliche Bestimmung hat vielmehr, wie dies bereits in dem Urteile des Reichsgerichts Entsch. in Zivils. Bd. 23 S. 354 auseinandergesetzt worden ist, den ausgesprochenen Zweck, die Einforderung der Kosten zu ermöglichen, wenn durch Kollusion der Parteien der Prozeß liegen bleibt. Daß hier ein solches absichtliches Liegenlassen stattfindet, kann bei dem langen seit 1903 verstrichenen Zeitraum und bei der eigenen Erklärung der Revisionskläger in Sachen V. 425/03, daß sie das Verfahren nicht betreiben wollen, keinem Zweifel unterliegen."

79. 1. Wird der Anspruch auf den Zivilversorgungsschein nach § 10 des Gesetzes vom 4. April 1874 und nach § 15 des Mannschaftsversorgungsgesetzes vom 31. Mai 1906 durch zwölfjährigen aktiven Dienst endgültig erworben oder entsteht dieser Anspruch endgültig erst mit der Entlassung aus einer Unteroffizierstelle?

2. Ist das in § 20 des Mannschaftsversorgungsgesetzes geregelte Recht, an Stelle des Zivilversorgungsscheins die Zivilversorgungsentschädigung zu wählen, nur dem Kapitulanten gegeben, der als solcher aus dem aktiven Heeresdienst entlassen wird?

Gesetz vom 4. April 1874, betr. einige Änderungen und Ergänzungen des Gesetzes vom 27. Juni 1871 über die Pensionierung und Versorgung der Militärpersonen usw., §§ 6, 10.

Gesetz über die Versorgung der Personen der Unterklassen des Reichsheeres usw. (Mannschaftsversorgungsgesetz) vom 31. Mai 1906 §§ 15, 20, 37, 50.

III. Zivilsenat. Urt. v. 8. November 1912 i. S. des Reichsfiskus (Bekl.) w. den Marine-Feuerwerks-Oberleutnant a. D. B. (Kl.). Rep. III. 114/12.

I. Landgericht I Berlin.
II. Kammergericht daselbst.

Der Kläger trat am 7. April 1879 als Schiffsjunge in den Marinedienst ein, wurde im Jahre 1900 zum Deckoffizier, und zwar zum Feuerwerksleutnant, befördert und am 1. Dezember 1908 als Feuerwerks-Oberleutnant mit Pension unter Verleihung der Aussicht auf Anstellung im Zivildienste verabschiedet. Im April 1894 war ihm gemäß § 10 Abs. 1 des Gesetzes vom 4. April 1874 der Zivilversorgungsschein erteilt, bei seiner Beförderung zum Deckoffizier war ihm dieser jedoch wieder abgenommen worden. Er behauptet, daß dies zu Unrecht geschehen sei, und hat im Oktober 1910 bei der Marineverwaltung den Anspruch auf Zahlung einer Zivilversorgungsentschädigung gemäß § 20 des Mannschaftsversorgungsgesetzes vom 31. Mai 1906 erhoben.

Im Prozesse beantragte der Kläger die Feststellung, daß seine Rechte aus dem ihm im April 1894 erteilten Zivilversorgungsscheine nicht erloschen seien, und Zahlung einer monatlichen Rente von 12 *M* vom 1. Dezember 1908 ab bis an sein Lebensende nebst Verzugszinsen von den rückständigen Beträgen. Das Landgericht wies die Klage ab, das Berufungsgericht erkannte auf die beantragte Feststellung und die Verurteilung zur Zahlung der verlangten Rente vom 1. Oktober 1910 ab, wies dagegen im übrigen die Berufung des Klägers zurück. Die Revisionen der Parteien sind zurückgewiesen worden aus folgenden

Gründen:

„Das Berufungsgericht nimmt in Übereinstimmung mit dem Urteile des erkennenden Senats vom 6. Mai 1910, Entsch. in Zivils. Bd. 73 S. 320, an, daß der Erwerb des Zivilversorgungsscheins nach § 10 des Gesetzes vom 4. April 1874 ein endgültiger sei und durch nachträgliche Beförderung des Erwerbers zum Offizier nicht verloren gehe, sowie daß hieran auch durch die beiden Gesetze vom 31. Mai 1906 über die Pensionierung der Offiziere und über die Versorgung der Personen der Unterklassen des Reichsheeres usw. nichts geändert sei. Es folgert hieraus, daß der Kläger auch befugt sei, nach § 20 des letzteren Gesetzes, des sog. Mannschaftsversorgungsgesetzes, an Stelle des Zivilversorgungsscheins die Zivilversorgungsentschädigung zu wählen, und spricht diese dem Kläger vom 1. Oktober 1910 ab zu, als von dem Monat, in welchem der Kläger diesen Anspruch angemeldet hat, während es den Anspruch für die frühere Zeit gemäß § 32 Abs. 3 des Mannschaftsversorgungsgesetzes abweist.

Die Revision des Beklagten bekämpft grundsätzlich die in dem erwähnten Urteile des erkennenden Senats ausgesprochene und eingehend begründete Rechtsauffassung. Sie gibt zwar zu, aus dem Wortlaute des § 10 des Gesetzes vom 4. April 1874 und des § 15 des Mannschaftsversorgungsgesetzes könne gefolgert werden, daß die zwölfjährige Dienstzeit für die Entstehung des Anspruchs auf den Zivilversorgungsschein ausreichend sei. Der so entstehende Anspruch sei aber nur ein bedingter; er werde ein endgültiger erst mit Entlassung des Erwerbers des Scheines aus einer Unteroffizierstelle. Dies ergebe sich aus dem rechtlichen Wesen des Anspruchs auf den Zivilversorgungsschein, der ein Teil der den Unterklassen des Soldatenstandes bei ihrem Ausscheiden gewährten Invalidenversorgung sei, und aus dem Aufbau der älteren Militärpensionsgesetze sowohl als der Gesetze vom 31. Mai 1906, die gleichmäßig die Versorgung der

Unterklassen des Heeres und der Marine streng von der Pension der Offiziere schieden, so daß die eine Art der Versorgung die andere Art grundsätzlich ausschließe.

Der zum Offizier Beförderte sei auch gar nicht in der Lage, das Recht aus dem Zivilversorgungsscheine beliebig auszunutzen, da er ohne Dienstunfähigkeit aus dem aktiven Dienste nicht ausscheiden könne. Das Fortbestehen der Rechte aus dem Zivilversorgungsscheine nach Beförderung des Erwerbers des Scheines zum Offizier sei ferner unvereinbar mit den Bestimmungen 1. des § 20 MannschaftsversGes., wonach das Recht, an Stelle des Zivilversorgungsscheins die Zivilversorgungsentschädigung zu fordern, nur Kapitulanten zustehe und nur bei oder nach der Entlassung geltend gemacht werden könne, 2. des § 37 MannschaftsversGes., wonach das Recht auf den Bezug der Zivilversorgungsentschädigung in den Fällen ruht, in denen das Ruhen des Rechtes auf den Bezug der Rente eintritt, und 3. des § 14 OffizierspensGes., wonach die der Festsetzung der Offizierspension zugrunde zu legende Dienstzeit vom Tage des Eintritts in den aktiven Dienst gerechnet wird. Ebenso sei mit dem Fortbestehen dieses Rechtes unvereinbar, daß auch den aus dem Unteroffizierstande hervorgegangenen Offizieren die Aussicht auf Anstellung im Zivildienste verliehen werden könne.

Die Revision führt ferner aus, daß die Verwaltung stets von dem Grundsatz ausgegangen sei, daß die Rechte aus dem Zivilversorgungsscheine mit der Beförderung zum Offizier fortfielen, und daß auch in den Kreisen der Beteiligten bis zum Erlasse der erwähnten Reichsgerichtsentscheidung kein Widerspruch dagegen erhoben worden sei. Es hätte daher bei dem Erlasse der Gesetze vom 31. Mai 1906 zum Ausdruck gebracht werden müssen, wenn man von der bisherigen Auffassung abweichen wollte.

Die Revision wendet sich weiter gegen die Schlußfolgerungen, welche in dem erwähnten Urteile — S. 329/330, S. 332 — daraus gezogen werden, daß nach § 6 des Gesetzes vom 4. April 1874 und § 9 Abs. 1 Nr. 1 OffizierpensGes. die Bemessung des Ruhegehalts der aus dem Unteroffizierstande hervorgegangenen Leutnants anderen Grundsätzen unterliegt als die der sonstigen Leutnants, und daß nach § 75 Nr. 1, 2 der Besoldungsvorschrift für das preußische Heer im Frieden vom 10. März 1898 die den Unteroffizieren bei dem Ausscheiden nach zwölfjähriger Dienstzeit zustehende Dienstprämie auch bei ihrer Anstellung als Offizier gewährt werden soll. Sie führt aus, daß jene Besonderheit der Pensionsberechnung nicht dazu berechtige, die für die Personen der Unterklassen gegebenen Versorgungsgrundsätze auf die Feuerwerksoffiziere usw. anzuwenden, und daß die Dienstprämie eine Belohnung für die im Unteroffizierstande geleisteten Dienste, die Rechte aus dem Zivilversorgungsschein aber eine Versorgung für die Personen der Unterklassen bilde.

Die Revision des Beklagten macht endlich geltend, daß, wenn man annehmen wollte, das Recht aus dem Zivilversorgungsschein bestehe auch nach der Beförderung zum Offizier fort, doch jedenfalls der Anspruch auf die Zivilversorgungsentschädigung nach § 20 des Mannschaftsversorgungsgesetzes nur demjenigen zustehe, der als Kapitulant entlassen wurde.

Diese Ausführungen sind nicht geeignet, die in dem Urteile vom 6. Mai 1910 ausgesprochene Rechtsauffassung und die dort gegebene Begründung zu widerlegen.

Richtig ist, daß sowohl in dem Militärpensionsgesetze vom 27. Juni 1871 und seinen Nachträgen als in den Gesetzen vom 31. Mai 1906 unterschieden wird zwischen der Pensionierung der Offiziere und der Versorgung der Militärpersonen der Unterklassen, und daß hinsichtlich der Pensionierung auch die Deckoffiziere nach § 48 des Gesetzes vom 27. Juni 1871 und § 46ff. OffizierspensGes. den Offizieren im allgemeinen gleichgestellt sind, wenngleich sie sonst — organisatorisch — zu den Personen der Unterklassen der Marine gerechnet werden. Richtig ist auch, daß der Zivilversorgungsschein zu den Mitteln der Versorgung der Personen der Unterklassen, nach dem Mannschaftsversorgungsgesetze der Kapitulanten, gehört. Daraus folgt selbstverständlich, daß ein Offizier — und auch ein Deckoffizier (§ 50 MannschaftsversGes.) — den Zivilversorgungsschein nicht erwerben kann. Nicht aber kann aus der grundsätzlich verschiedenen Regelung der Pensionierung der Offiziere und der Versorgung der Unterklassen gefolgert werden, daß ein dem Unteroffizier erwachsenes Versorgungsrecht schlechthin unvereinbar sei mit denjenigen Pensionsansprüchen, die ihm durch seine Beförderung zum Offizier zufallen. Unvereinbar miteinander sind nur die Ansprüche der beiden Arten, welche erst mit der Entlassung aus dem aktiven Dienste entstehen;

für diese Ansprüche sind ausschließlich die Bestimmungen der einen oder der anderen Art maßgebend, je nachdem der Entlassene zur Zeit der Entlassung als Offizier oder als zu den Personen der Unterklassen gehörig im Sinne der Pensionsgesetze anzusehen ist.

Aus dem Aufbau dieser Gesetze, aus der Verschiedenheit der Regelung der Pensionsansprüche der Offiziere und der Versorgungsgebührnisse der Personen der Unterklassen kann auch nicht, wie die Revision will, gefolgert werden, daß diese Ansprüche sämtlich erst mit der Entlassung entstünden. Der Zeitpunkt der Entstehung der verschiedenartigen Ansprüche kann vielmehr nur aus der Art des einzelnen Anspruchs und den für diesen gegebenen Bestimmungen entnommen werden. Der Pensionsanspruch — der Offiziere wie nach dem früheren Rechte auch der Unteroffiziere und Mannschaften — und der Anspruch auf Militärrente haben die Entlassung aus dem aktiven Dienste ihrer Natur nach und nach den Bestimmungen der §§ 2, 58 des Militärpensionsgesetzes vom 27. Juni 1871, des § 1 des Offizierspensionsgesetzes und des § 1 des Mannschaftsversorgungsgesetzes vom 31. Mai 1906 zur Voraussetzung. Das gleiche müßte auch für den Anspruch auf den Zivilversorgungsschein gelten, wenn es richtig wäre, daß dieser Anspruch, wie die Revision behauptet, einen Teil der Invalidenversorgung bildete. Dies ist aber nicht der Fall. Der Anspruch auf den Zivilversorgungsschein war allerdings nach dem Gesetze vom 27. Juni 1871 in seiner ursprünglichen Fassung ein Teil der den Invaliden zukommenden Versorgung. Die Novelle vom 4. April 1874 aber hat, wie § 10 Abs. 1 dieses Gesetzes:

> „Unteroffiziere, welche nicht als Invaliden versorgungsberechtigt sind, erlangen durch zwölfjährigen aktiven Dienst bei fortgesetzter guter Führung den Anspruch auf den Zivilversorgungsschein" —

zweifellos ergibt, das Recht auf den Zivilversorgungsschein von dem Anspruch auf Pension und von der Voraussetzung der Invalidität gelöst. Noch schärfer ist diese Trennung des Rechtes auf den Zivilversorgungsschein von dem Anspruch auf Invalidenpension — jetzt Militärrente genannt — in dem Mannschaftsversorgungsgesetze durchgeführt. Den Anspruch auf den Zivilversorgungsschein erlangen nach §§ 15, 16 dieses Gesetzes nur Kapitulanten, und sie erwerben ihn regelmäßig durch zwölfjährige Dienstzeit, in den Ausnahmefällen des

§ 16 auch schon früher, ohne daß ihre Erwerbsfähigkeit gemindert zu sein braucht und ohne Rücksicht darauf, ob ihnen bei ihrer Entlassung eine Militärrente zu gewähren ist oder nicht.

Mit dieser irrtümlichen Annahme der Revision, daß der Anspruch auf den Zivilversorgungsschein einen Teil der Invalidenversorgung bilde, fällt auch der in der schriftlichen Revisionsbegründung wesentlich hieraus gezogene Schluß, daß der Anspruch erst mit der Entlassung endgültig zur Entstehung komme, daß er vorher nur ein bedingter sein könne. Die Bestimmungen des § 10 Abs. 1 des Gesetzes vom 4. April 1874 und des § 15 MannschaftsversGes. geben die Voraussetzungen an, unter denen dieser Anspruch erworben wird; von der Voraussetzung oder Bedingung, daß der Erwerber als Unteroffizier oder Kapitulant entlassen werde, enthalten sie nichts. In den Gründen des Urteils vom 6. Mai 1910, a. a. O. S. 325 bis 327, ist auf Grund der Entstehungsgeschichte der hier in Betracht kommenden Vorschriften dargelegt worden, daß man den Kapitulanten, um sie zum Ausharren im aktiven Dienste zu bestimmen, eine auskömmliche Versorgung durch Erteilung des Zivilversorgungsscheins nach Absolvierung einer längeren Dienstzeit gewährleisten wollte, und daß danach dem Kapitulanten schon mit der Vollendung des zwölften Dienstjahres ein wirkliches Recht auf den Zivilversorgungsschein zufallen sollte. Der Charakter dieses Rechtes als eines schon vor der Entlassung aus dem Dienste endgültig erworbenen ist auch in den vom Bundesrat beschlossenen Grundsätzen für die Besetzung der Subaltern- und Unterbeamtenstellen bei den Reichs- und Staatsbehörden mit Militäranwärtern vom 7. und 21. März 1882 (Preuß. JMinBl. S. 325 flg.) und vom 20. Juni 1907 (JMinBl. S. 559 flg.) dadurch anerkannt, daß der Inhaber des Zivilversorgungsscheins noch während seiner aktiven Dienstzeit als Militäranwärter gilt und die Rechte eines solchen geltend machen, insbesondere sich um die den Militäranwärtern vorbehaltenen Stellen bewerben kann, und daß bei der Einberufung der Stellenanwärter die Reihenfolge der Eintragung in das Anwärterverzeichnis in Betracht zu ziehen ist, ohne Rücksicht darauf, ob sich der Anwärter zur Zeit der Eintragung in die Liste noch im aktiven Dienste befand oder nicht: §§ 1, 12a, 20, 18 Nr. 4 der Grundsätze von 1882, § 1 Nr. 1, § 12 Nr. 2[1], § 20, § 18 Nr. 5 der Grundsätze von 1907.

Noch bestimmter lautet die preußische Zusatzbestimmung 1 zu § 27 dieser Grundsätze (JMinBl. 1882 S. 336, 1907 S. 574):

„Wenn sich Unteroffiziere nach Erlangung des Zivilversorgungsscheins bei weiterem Verbleiben im aktiven Militärdienste schlecht führen, so ist dies auf dem Versorgungsscheine zu vermerken."

Da nach § 10 Abs. 1 des Gesetzes vom 4. April 1874 „fortgesetzte gute Führung", nach § 15 MannschaftsversGes. Würdigkeit zum Beamten Voraussetzung der Erlangung des Zivilversorgungsscheins ist, müßte die spätere schlechte Führung des Erwerbers im aktiven Dienste den Verlust der Rechte aus dem Scheine zur Folge haben, wenn der Schein erst mit der Entlassung endgültig erworben würde.

In unzweideutiger Weise haben endlich das Reichsmarineamt und die Kriegsminister von Preußen, Bayern, Sachsen und Württemberg den endgültigen Charakter des mit der Vollendung des zwölften Dienstjahres erfolgenden Erwerbes des Anspruchs auf den Zivilversorgungsschein anerkannt, indem sie übereinstimmend festsetzten:

„Der Anspruch auf den Zivilversorgungsschein nach § 15 wird mit dem Tage erworben, an welchem die zwölfjährige Dienstzeit zurückgelegt ist. Der Zivilversorgungsschein muß die Bezeichnung dieses Tages tragen und ist dem Berechtigten an diesem Tage auszuhändigen."

Vgl. Preußisches Armee-Verordnungsblatt von 1906 Nr. 18 Beil. 2 S. 37, auch Romen, Bem. 3b zu § 15 MannschaftsversGes.

Hiermit ist der von dem Beklagten im Prozesse vertretene Standpunkt unvereinbar. Die Meinung der Verwaltung, die sich berechtigt glaubte, den zum Offizier beförderten Militäranwärtern den Zivilversorgungsschein wieder abzunehmen, kann danach nicht wohl die gewesen sein, daß der Schein erst mit der Entlassung aus dem Dienste endgültig erworben werde, sondern daß die Rechte aus dem Scheine mit der Beförderung zum Offizier verloren gingen. Diese Meinung aber ist, wie auch die Revision anerkennt, unhaltbar; denn die Gründe, aus denen der Zivilversorgungsschein verwirkt wird oder erlischt, waren früher in den Grundsätzen des Bundesrats (§§ 26, 29 der Grundsätze von 1882) und sind jetzt im § 34 MannschaftsversGes. geregelt, ohne daß die Beförderung zum Offizier dabei genannt wäre.

Gegenüber diesem aus dem Gesetze selbst, nicht bloß aus seinem

Wortlaute, herzuleitenden Ergebnis sind die weiteren Bedenken, welche von der Revision gegen die in dem Urteile vom 6. Mai 1910 ausgesprochene Rechtsauffassung erhoben werden, ohne Bedeutung.

Es mag richtig sein, daß der Offizier, solange er im aktiven Dienste steht, von dem Zivilversorgungsschein keinen Gebrauch machen kann, da er, sofern er nicht dienstunfähig ist, kein Recht auf seine Entlassung hat. Regelmäßig wird aber dem Offizier der nachgesuchte Abschied nicht verweigert. Der Besitz des Zivilversorgungsscheins kann also auch für ihn von erheblichem Werte sein.

§ 20 MannschaftsversGes. wie § 37 desselben Gesetzes könnten für die Frage, ob der Kläger den Zivilversorgungsschein endgültig oder nur unter der Bedingung seiner Entlassung aus dem Unteroffizierstande erlangt hatte, nicht von entscheidender Bedeutung sein; denn ob dieser Erwerb ein endgültiger war oder nicht, ist nach dem Rechte zu beurteilen, das in Geltung war, als der Kläger den Zivilversorgungsschein erhielt, also nach dem Pensionsgesetze vom 27. Juni 1871 mit den Novellen vom 4. April 1874 und 22. Mai 1893. Nach diesen Gesetzen jedoch (s. § 11 des Gesetzes vom 4. April 1874 in der Fassung des Art. 7 des Gesetzes vom 22. Mai 1893) hatten nur die Ganzinvaliden aus dem Feldzuge von 1870/71 das Recht, an Stelle des Zivilversorgungsscheins eine „Pensionszulage" zu wählen. Aber die Schlußfolgerungen, welche die Revision aus den §§ 20, 37 MannschaftsversGes. zieht, sind auch für das jetzt geltende Recht nicht zutreffend. Wenn in § 20 von den in § 15 bezeichneten Kapitulanten gesagt wird, daß sie bei der Entlassung und bis zum Ablaufe von 4 Jahren nach der Entlassung aus dem aktiven Militärdienst an Stelle des Zivilversorgungsscheins die Zivilversorgungsentschädigung wählen können, sofern sie nicht schon im Zivildienst endgültig angestellt worden sind, so ist hieraus keineswegs zu schließen, daß sie noch im Zeitpunkte der Entlassung Kapitulanten sein müßten, geschweige denn, daß der Erwerb des Scheines nach § 15 bedingt sei durch die Entlassung des Erwerbers als Kapitulant. Die Bezeichnung „Kapitulant" ist hier auch noch für die bereits Entlassenen gebraucht, die also zu diesem Zeitpunkte zweifellos nicht mehr Kapitulanten (§ 1 Abs. 4 des Gesetzes) sind. Der Sinn der Eingangsworte des § 20 „die in § 15 bezeichneten Kapitulanten" kann also nur der sein, daß damit diejenigen bezeichnet werden, welche als Kapitulanten den Anspruch auf den Zivilversorgungsschein gemäß § 15 erworben haben. Diese Personen können allerdings das Wahlrecht erst bei oder nach der Entlassung ausüben, aber daraus folgt nicht, daß das Recht auf den Zivilversorgungsschein erst mit dem Zeitpunkt endgültig werde, mit dem das Wahlrecht ausgeübt werden kann. Vielmehr ist umgekehrt zu schließen, daß auch das Wahlrecht, das Recht, statt des Scheines die Zivilversorgungsentschädigung zu wählen, als ein Ausfluß des Rechtes auf den Zivilversorgungsschein mit dem Erwerbe des letzteren entsteht, und nur seine Ausübung naturgemäß hinausgeschoben wird bis zur Entlassung, als dem Zeitpunkte, von dem ab auch derjenige Militäranwärter, der den Zivilversorgungsschein selbst wählt, den Nutzen aus diesem Rechte zieht.

§ 37 MannschaftsversGes. bietet für die hier vertretene Rechtsauffassung nicht die mindeste Schwierigkeit. Das Recht auf den Bezug der Zivilversorgungsentschädigung ruht in den Fällen, in denen nach § 36 Nr. 3 das Recht auf den Bezug der Rente ganz oder teilweise zu ruhen hat. Daß der zum Bezuge der Zivilversorgungsentschädigung Berechtigte eine solche Rente tatsächlich bezieht, ist nicht Voraussetzung der Bestimmung. Sie ist anwendbar, auch wenn der Betreffende gar keine sonstigen Versorgungsgebührnisse bezieht; es ist also auch kein Hindernis für ihre Anwendung, daß der Betreffende eine Offizierpension bezieht.

Daß nach § 14 des Offizierpensionsgesetzes vom 31. Mai 1906 wie auch nach § 18 Abs. 1 des Pensionsgesetzes vom 27. Juni 1871 die bei der Pensionsfeststellung zu berücksichtigende Dienstzeit vom Tage des Eintritts in den aktiven Dienst berechnet wird, daß sie also auch die im Mannschafts- und Unteroffiziersstande verbrachte Zeit mitumfaßt, steht der Anerkennung eines daneben bestehenden Anspruchs auf den Zivilversorgungsschein ebensowenig entgegen wie das Bestehen eines Anspruchs auf Militärrente. Der Anspruch auf den Zivilversorgungsschein ist eine besondere den Kapitulanten für ihr Verbleiben im Dienste gewährte Vergütung, die neben dem Anspruch auf Rente oder Pension zu gewähren ist. Auch die Verleihung der Aussicht auf Anstellung im Zivildienste kann das erworbene Recht aus dem Zivilversorgungsschein nicht beseitigen. Ob den Inhabern des Zivilversorgungsscheins auch jene Aussicht zu bewilligen ist, ist nicht Sache der richterlichen Prüfung.

Welche Auffassung über die Befugnis der Militäranwärter, auch nach der Beförderung zum Offizier die Rechte aus dem Zivilversorgungsschein geltend zu machen, in der Verwaltung und in den Kreisen der Beteiligten bestanden hat, kann weder für die Auslegung der Gesetze vom 31. Mai 1906, bei deren Beratung diese Frage nicht erörtert worden ist, noch für das frühere Recht von entscheidender Bedeutung sein.

Die Besonderheit der Pensionsberechnung der Zeug- und Feuerwerksoffiziere ist in dem Urteile vom 6. Mai 1910 als ein Beweis dafür verwertet worden, daß auch die Gesetzgebung sich der Sonderstellung dieser Offiziere bewußt gewesen ist, und dies mit Recht. Übrigens kann am wenigsten hinsichtlich der Deckoffiziere der Marine, die ja nur hinsichtlich der Pensionsverhältnisse den sonstigen Offizieren zugerechnet werden, ihre Ausnahmestellung bezweifelt werden.

Unrichtig ist endlich der Einwand der Revision gegen den im Urteile vom 6. Mai 1910 erfolgten Hinweis darauf, daß die den Unteroffizieren beim Ausscheiden nach zwölfjähriger Dienstzeit zustehende Dienstprämie ihnen auch bei der Anstellung als Offizier zu gewähren ist. In der Begründung des Entwurfs des Mannschaftsversorgungsgesetzes — Abschnitt „Allgemein" unter II „Zivilversorgung" S. 24 — wird die Gewährung des Wahlrechts zwischen Zivilversorgungsschein und Zivilversorgungsentschädigung damit gerechtfertigt, daß es ungerecht wäre, die Kapitulanten, welche im Privatdienst ein Unterkommen finden, oder welche sonst auf die Benutzung des Scheines verzichten, „für die dem Staate geleisteten langjährigen Dienste ganz ohne Entschädigung zu lassen". Damit ist die Sonderart des Anspruchs auf den Zivilversorgungsschein wie auf die Zivilversorgungsentschädigung als auf eine Vergütung für die langjährigen Dienste im Unteroffiziersstande deutlich ausgesprochen.

Ist hiernach an der im Urteile vom 6. Mai 1910 von dem erkennenden Senat ausgesprochenen Rechtsauffassung festzuhalten, so folgt hieraus ohne weiteres die Zurückweisung der Revision des Beklagten insoweit, als sie sich gegen die Feststellung des Berufungsgerichts wendet, daß die Rechte des Klägers aus dem ihm im April 1894 erteilten Zivilversorgungsschein nicht erloschen seien. Die Revision ist aber auch insoweit unbegründet, als sie die Verurteilung des Beklagten zur Zahlung der Zivilversorgungsentschädigung betrifft.

Ob dem Kläger das Recht auf diese Entschädigung zusteht, ist — im Gegensatze zu der Frage, ob ihm das Recht auf den Zivilversorgungsschein noch zusteht — gemäß § 76 MannschaftsversGes. nach diesem Gesetze zu beurteilen. § 20 des Gesetzes aber gibt ihm das Recht, diese Entschädigung zu wählen, da es, wie oben ausgeführt, nicht darauf ankommt, ob er bei seiner Entlassung aus dem aktiven Militärdienste noch Kapitulant war, und dieses Wahlrecht als ein Ausfluß des Rechtes auf den Zivilversorgungsschein nicht erst mit der Entlassung aus dem Militärdienste, sondern mit dem Erwerbe des Scheines selbst oder doch mit dem Zeitpunkte des Inkrafttretens des Mannschaftsversorgungsgesetzes entstanden ist, das auch den Inhabern des unter dem alten Rechte erworbenen Zivilversorgungsscheins das Wahlrecht gab." ...

---

80. Ist das Gericht durch den Verhandlungsgrundsatz gehindert, aus dem vorgebrachten Tatsachenstoffe Schlüsse zu ziehen, die keine der Parteien gezogen hat?

ZPO. §§ 128, 286.

V. Zivilsenat. Urt. v. 9. November 1912 i. S. E. (Kl.) w. E. (Bekl.). Rep. V. 220/12.

I. Landgericht Detmold.
II. Oberlandesgericht Celle.

Der Kläger hat dem Beklagten, seinem Bruder, eine lebenslängliche Jahresrente bewilligt und ihm zu deren Sicherung eine Hypothek auf seinem Grundstück eintragen lassen. Er beantragte, den Beklagten zu verurteilen, anzuerkennen, daß die Hypothek nicht mehr zu Recht bestehe, und die Hypothek löschen zu lassen. Diese Verpflichtung folgerte er unter anderem daraus, daß der Beklagte sich ihm gegenüber Unredlichkeiten habe zuschulden kommen lassen, die nach dem Rentenbewilligungsvertrage die Verwirkung der Rente herbeigeführt hätten. Die Klage wurde abgewiesen, die Berufung des Klägers zurückgewiesen. Auch die Revision ist zurückgewiesen worden aus folgenden

Gründen:

„Die Revision erhebt gegen das Endurteil den Vorwurf der Verletzung des Verhandlungsgrundsatzes. Das Berufungsgericht habe es nur deshalb abgelehnt, die vom Kläger dem Beklagten zur Last gelegten Unredlichkeiten für erwiesen zu erklären, weil die Parteien die Vorgänge, aus denen sonst der Beweis der Unredlichkeit zu entnehmen wäre, im Einverständnis miteinander veranlaßt hätten, um lediglich den Schein solcher Unredlichkeiten zu erwecken.

Die W.-L.'sche Vereinsbank hat angeblich eine Forderung von 5000 ℳ gegen den Beklagten. Zur Sicherheit dafür hat er der Bank seine Ansprüche an den Kläger aus der Rente abgetreten; gestützt auf diese Abtretung hat die Bank nicht nur den Beklagten, sondern auch den Kläger auf Zahlung von 5000 ℳ verklagt. Das Berufungsgericht hat nun auf Grund der Beweisaufnahme für erwiesen erachtet, daß der Beklagte die ihm vom Kläger vorgeworfenen Unterschlagungen im Einverständnis mit diesem, daher nur scheinbar, begangen hat, um so der Vereinsbank den Zugriff auf die Rente zu nehmen. Damit habe, wie die Revision ausführt, das Gericht entscheidendes Gewicht auf eine Tatsache gelegt, die von keiner Partei behauptet gewesen sei, die der Beklagte sogar anerkanntermaßen mit vollem Bedachte von seiner Verteidigung ausgeschlossen habe. Wenn auch dem Gerichte das Recht freier Beweiswürdigung zustehe, so müsse es doch Tatsachen, die beide Parteien als nicht vorhanden betrachtet wissen wollten, nach dem den ordentlichen Prozeß beherrschenden Verhandlungsgrundsatz unberücksichtigt lassen.

Der erkennende Senat hat bereits in seinem Urteile vom 4. März 1911 (Warneyer, Rechtspr. 1911 Nr. 286) ausgesprochen, daß nur der von den Parteien in dem betreffenden Rechtszuge vorgebrachte Streitstoff die Grundlage der Entscheidung bilden kann. Das Gericht darf nicht sein etwaiges Privatwissen wie überhaupt keine Tatsachen berücksichtigen, die nicht Gegenstand der mündlichen Verhandlung gewesen sind, und es darf ebensowenig Beweise berücksichtigen, die nicht im Verfahren ordnungsmäßig aufgenommen sind. Aber diese dem Gerichte durch den Verhandlungsgrundsatz auferlegte Pflicht findet ihre Schranke da, wo die Beweiswürdigung beginnt, denn in der rechtlichen und tatsächlichen Würdigung des von den Parteien Vorgebrachten ist das Gericht gemäß § 286 ZPO. frei; es darf daher auch aus dem vorgebrachten Tatsachenstoffe Schlüsse ziehen, die keine der Parteien gezogen hat. Lediglich dies ist im vorliegenden Falle geschehen. Das Gericht hatte, wie es zutreffend bemerkt, zu prüfen, ob die von dem Beklagten bestrittene Behauptung des Klägers richtig ist, daß jener wegen angeblich von ihm begangener Unterschlagungen seiner Rente verlustig gegangen war. Es hat als Unterlage für diese Prüfung nichts verwendet, was nicht von den Parteien zum Gegenstande der Verhandlung gemacht worden ist, wie auch kein anderer Angriff als der oben erwähnte erhoben worden ist. Auf Grund der Beweisaufnahme sieht es die dem Klaganspruche zugrunde liegende Behauptung der Verwirkung der Rente nicht als erwiesen an, weil es auf Grund der vorgebrachten Tatsachen und der Beweisaufnahme die — allerdings von keiner Partei behauptete — Tatsache für erwiesen hält, daß die Unterschlagungen und deren Aufdeckung von den Parteien abgekartet worden seien, um der Vereinsbank das in der Rente liegende Befriedigungsmittel zu entziehen. Diese für erwiesen erachtete Tatsache stellt sich lediglich als Ergebnis der dem Verhandlungsgrundsatze nicht unterworfenen Beweiswürdigung dar.

Ob das Gericht zu einem derartigen Ergebnis nicht hätte kommen dürfen, wenn der Klagegrund ein Rechtsgeschäft gewesen und das Vorliegen eines Scheingeschäfts nicht eingewendet worden wäre, oder wenn der Beklagte ebenso wie der Kläger ein derartiges beiderseitiges Scheinverfahren ausdrücklich bestritten hätte, kann unerörtert bleiben, da keiner dieser Fälle hier in Frage steht[1]."

---

81. Wie gestalten sich die Rechts- und Eigentumsverhältnisse an einem abgeschlossenen Landsee, wenn ein schiffbarer Fluß nach einem Durchbruche seinen Abfluß durch den See genommen hat? Sind

[1] Stein, ZPO. Vorbem. vor § 128. II. 2. 4, III. 2; § 282. II. 4; Stein, Das private Wissen des Richters S. 89; Meyer in Zeitschr f. d. Zivilproz. Bd. 28 S. 260. D. E.

Ersitzungshandlungen, Anerkenntnisse oder Eintragungen im Kataster und Grundbuche von Einfluß?

L. 1 §§ 7. 8 Dig. de fluminibus 43. 12; l. 7 § 5 Dig. de adquir. rer. dom. 41. 1.

Preuß. ALR. II. 14 § 21, I. 9 § 272, II. 15 § 70.

BGB. §§ 891, 892.

V. Zivilsenat. Urt. v. 9. November 1912 i. S. des preußischen Fiskus (Kl.) w. H. (Bekl.). Rep. V. 251/12.

I. Landgericht Frankfurt a. O.
II. Kammergericht Berlin.

Der Beklagte ist im Jahre 1895 durch Auflassung und Eintragung Eigentümer des in der Provinz Brandenburg bei der Stadt B. gelegenen Ritterguts Oe., eines früheren Lehnguts, geworden. Innerhalb der Grenzen dieses Gutes liegt der 90,87 Morgen große Oe. See, dessen Fläche seit 1886 auf Grund einer katasteramtlichen Bescheinigung vom 30. November 1885 in das Grundbuchblatt des Gutes übernommen ist. Der Kläger behauptet, daß dies irrtümlich geschehen sei und daß der Beklagte keine Rechte habe erwerben können, weil der See nicht im Privateigentum, sondern im gemeinen Eigentum des Staates stehe.

Der See wird nämlich von der schiffbaren Spree durchflossen. Nach der Feststellung des Berufungsrichters, der hierbei dem Gutachten des Sachverständigen Dr. R. gefolgt ist, hatte die Spree früher, jahrhundertelang, ein anderes, weiter westlich an der jetzigen Stadt B. gelegenes, noch jetzt als „alte Spree" kenntliches Bett und war von dem See, der nach Annahme des Sachverständigen älter ist als der Spreelauf, durch eine Sandbarre, den jetzigen Werder, geschieden. Schon seit Jahrhunderten, und zwar schon in der Zeit vor dem ältesten Lehnbrief (eines Herrn von Bieberstein) von 1481, benutzt jedoch die Spree ein neues durch den See verlaufendes Bett, indem sie über dem dortigen mehrtausendjährigen Faulschlamme Sand ablagert. Dieses Bett wurde, während der alte Lauf mehr und mehr versandete, im Laufe der Zeit das eigentliche, auch der Schiffahrt zugängliche Flußbett, eine Entwicklung, die dem Gutachten des Sachverständigen zufolge spätestens im Jahre 1776 vollendet war.

Der Kläger, der darauf hingewiesen hat, daß nach einem von ihm überreichten status causae vom 23. August 1763 auch die Fischerei im Oe. See seit Jahrhunderten vom Staate verpachtet worden sei, hat mit dem Antrage geklagt:

1. festzustellen, daß der Oe. See nicht im Eigentum des Beklagten, sondern im gemeinen Eigentum des Staates steht,
2. den Beklagten zu verurteilen, der Berichtigung des Grundbuchs auf Kosten des Klägers dergestalt zuzustimmen, daß der See aus dem Grundbuch wieder ausgeschieden wird.

In der Berufungsinstanz beantragte der Kläger, nachdem er vom Landgerichte mit seiner Klage abgewiesen worden war, noch hilfsweise, diesen Anträgen wenigstens insoweit stattzugeben, als der See von der Spree durchflossen werde.

Der Beklagte stellte in Abrede, daß die Änderung des Flußlaufs etwas an den Eigentumsverhältnissen geändert habe. Er machte auch geltend, daß die Gutseigentümer durch landesherrliche Verleihung, nämlich durch den bereits erwähnten Lehnbrief von 1481, ferner durch die Lehnbriefe vom 25. Juli 1494 (Kursachsen) und vom 12. Dezember 1712 (Kurbrandenburg), schlimmstenfalls durch Ersitzung Eigentum erworben hätten und daß der Staat dieses Eigentum in einem Rezesse von 1839 und durch Erhebung von Grundsteuern anerkannt habe.

Das Kammergericht wies die Berufung des Klägers zurück. Auf dessen Revision ist das Berufungsurteil aufgehoben und die Sache in die Vorinstanz zurückverwiesen worden aus folgenden

Gründen:

... „Wenn der Berufungsrichter aus der Eintragung des Beklagten im Grundbuch eine Vermutung zu dessen Gunsten hergeleitet und die Vermutung nicht für widerlegt erachtet hat, so war schon dieser Ausgangspunkt seiner Ausführungen unrichtig. Denn es handelt sich nicht um die Frage, wem das Privateigentum an dem See zustände, wenn es ein solches Privateigentum gäbe, sondern darum, ob eine des Privateigentums fähige Sache und sonach ein Privateigentum überhaupt vorhanden ist. Zum Beweise solcher rein tatsächlicher Verhältnisse ist das Grundbuch nicht bestimmt, und es kann dafür weder die Vermutung des § 891 BGB. noch der gute Glaube nach § 892 BGB. angerufen werden.

Vgl. Entsch. des RG.'s in Gruchot's Beitr. Bd. 55 S. 1152 und die dort angeführten früheren Urteile.

Unzutreffend sind aber auch die weiteren vom Berufungsrichter aus seinen tatsächlichen Feststellungen gezogenen Folgerungen. Es ist unrichtig, wenn er ausführt, daß nach den Vorschriften des gemeinen Rechtes, das vor der Einführung des preußischen Allgemeinen Landrechts im Kreise B. gegolten habe, die Verlegung des Flußlaufs eine Änderung in den Privatrechtsverhältnissen des überströmten neuen Flußbetts nicht herbeigeführt habe. Die Vorschriften der Digesten:

l. 1 § 7 de fluminibus 43, 12 (Ulpianus):

„Ille etiam alveus, quem sibi flumen fecit, etsi privatus ante fuit, incipit tamen esse publicus, quia impossibile est, ut alveus fluminis publici non sit publicus",

§ 8 ibid. „Si fossa manu facta sit, per quam fluit publicum flumen, nihilo minus publica fit",

l. 7 § 5 D. de adquirendo rerum dominio 41, 1 (Gaius):

„Novus autem alveus eius iuris esse incipit, cuius et ipsum flumen, id est publicus iuris gentium",

sind auch im gemeinen Rechte geltendes Recht geblieben,

vgl. Entsch. des RG.'s in Zivils. Bd. 3 S. 233/4, Bd. 53 S. 100; Jur. Wochenschr. 1892 S. 41 Nr. 13; Urt. vom 3. Februar 1912, Rep. V. 376/11,

und zwar insoweit, als schiffbare Flüsse in Frage kommen, im wesentlichen unverändert. Nur bei den kleineren, nicht schiffbaren Flüssen und Bächen haben sich zum Teil abweichende deutsche Rechtsanschauungen durchgesetzt.

Vgl. die vom Berufungsrichter angezogene Entsch. des RG.'s in Zivils. Bd. 52 S. 383 und das angeführte Urteil vom 3. Februar 1912.

Im vorliegenden Falle handelt es sich unstreitig um einen schiffbaren Fluß, der auch in dem neuen Arme zu einer Zeit, wo zweifellos gemeines Recht galt, schiffbar geworden ist und seit Einführung des Allgemeinen Landrechts den im wesentlichen gleichlautenden Vorschriften dieses Gesetzbuchs unterliegt.

ALR. II. 14 § 21, I. 9 § 272, II. 15 § 70.

Auch bei schiffbaren Flüssen ist es nun zwar, rein logisch, denkbar, daß das Flußbett, öffentlichrechtlich belastet, im Eigentum einer Privatperson steht (vgl. Entsch. des RG.'s in Zivils. Bd. 53 S. 99), und deshalb hat der erkennende Senat kein Bedenken getragen, die Verleihung des Eigentums am Strombett öffentlicher Flüsse durch landesherrliche Privilegien früherer Jahrhunderte — aus der Zeit, als der Landesherr noch die Macht hatte, durch Akte der Gesetzgebung das positive geltende Recht zu bestimmen und zu ändern — auch jetzt noch als fortbestehend anzuerkennen,

so in dem Urteile vom 3. Juli 1907 (Seuff. Arch. Bd. 62 Nr. 222) für die Oder bei Stettin und in dem Urteile vom 30. Juni 1909, Rep. V 400/08, für die Saale bei Jena; vgl. auch die Urteile vom 17. Januar 1912, Rep. V 306/11, und vom 3. Februar 1912, Rep. V 376/11.

Hätte daher der Berufungsrichter feststellen können, daß der Herr v. Bieberstein (sofern er landesherrliche Befugnisse besaß) in dem Lehnbriefe von 1481 und die Kurfürsten von Sachsen und Brandenburg in den Lehnbriefen von 1494 und 1712 Lehn auch am Flußbette der schiffbaren Spree haben verleihen wollen und verliehen haben, so wäre gegen das Berufungsurteil nichts zu erinnern, weil die Auslegung von Privilegien der Revision nicht unterliegt. Der Berufungsrichter hat aber den Willen, Lehn am Flußbette der Spree zu übertragen, verneint und kommt zu seiner Annahme, daß die Lehnsbesitzer durch die Lehnbriefe wenigstens an dem neuen Bette der Spree Lehn erlangt haben, lediglich auf Grund seiner Annahme, daß das Lehn an den Uferländereien auch das am Flußbette nach sich ziehe, weil der neue Arm damals noch nicht schiffbar gewesen sei. Bei dieser Annahme handelt es sich also offensichtlich um die Anwendung gemeinen Rechtes. Dies Recht, von dem bereits die Rede war, läßt nun zwar bei nicht schiffbaren öffentlichen Flüssen (perennes) gegenüber der Vermutung, die auch hier für die öffentliche Natur spricht, den Nachweis entgegenstehender Privatrechte zu,

— vgl. die vom Berufungsrichter angezogenen Pandekten von Regelsberger, Bd. 1 § 117 S. 433 und die bereits oben angeführte Rechtsprechung des Reichsgerichts —

aber wenn man dem Berufungsrichter auch darin folgen wollte, jenen Grundsatz des gemeinen Rechtes auf neue, noch nicht ganz schiffbar gewordene Betten öffentlicher schiffbarer Flüsse anzuwenden, so würde doch nichts damit gewonnen sein, weil die so entstandenen Privatrechte mit dem Eintritt der Schiffbarkeit wieder erloschen wären.

Daß am Bette öffentlicher schiffbarer Flüsse auch durch Ersitzung kein Privateigentum erlangt werden kann und daß die angeblichen Anerkenntnisse des Klägers ebenso einflußlos sind, wie die Eintragungen im Kataster und Grundbuche, versteht sich nach dem Obigen von selbst.

Zweifelhaft bleibt nur die Frage, inwieweit der frühere Privatsee durch die Änderung des Flußlaufs öffentlich und gemeines Eigentum des Staates geworden ist. Daß zum mindesten die Stromrinne öffentlich geworden ist, so daß der Hilfsantrag des Klägers begründet wäre, ist selbstverständlich;

— vgl. Entsch. des RG.'s in Jur. Wochenschr. 1893 S. 260 Nr. 48, in Gruchot's Beitr. Bd. 31 S. 721 und die den Zemminsee betreffenden Urteile vom 11. Januar 1908, Rep. V. 173/07, und vom 14. April 1909, Rep. V. 289/09 —

bei den übrigen Teilen des Sees hängt es davon ab, ob der See insoweit das Wasser des Flusses aufnimmt, und zu einem Teile (einer Erweiterung) des Flusses geworden ist,

vgl. die Urteile in Gruchot's Beitr. Bd. 34 S. 1052, Bd. 43 S. 986, Bd. 44 S. 722, Bd. 52 S. 1214.

Nach den Ausführungen des Berufungsurteils, wonach die Spree im Oe. See kein eigenes Bett haben, sondern das ganze Seebett benutzen soll, müßte man zugunsten des Klägers annehmen, daß der See in vollem Umfang öffentlich geworden ist. Da indessen diese Annahme zu Ungunsten des Klägers verwertet und im Folgenden von einer nur teilweisen Mitteilung des Flußwassers die Rede ist, auch der Sachverständige, dem der Berufungsrichter gefolgt ist, an verschiedenen Stellen von einer Stromrinne spricht, so bedarf die Sache einer erneuten Erwägung. Es handelt sich dabei um eine Tatfrage, die nur nach genauer örtlicher Untersuchung und Abgrenzung zu entscheiden ist." ...

82. Kann derjenige, dem eine preußische Stadtgemeinde einen Teil des ihm für ein Grundstück geschuldeten Kaufpreises unter Verrechnung auf eine Wertzuwachssteuer einbehalten hat, nachdem er im Verwaltungsstreitverfahren die Freistellung von dieser Steuer wegen Ungültigkeit der Steuerordnung durchgesetzt hat, im Rechtswege Zinsen von dem einbehaltenen Betrage beanspruchen?

V. Zivilsenat. Urt. v. 9. November 1912 i. S. Stadtgemeinde Sch. (Bekl.) w. M. u. Gen. (Kl.). Rep. V. 203/12.

I. Landgericht II Berlin.
II. Kammergericht daselbst.

In verschiedenen Urkunden vom 10. Oktober 1908 boten die Kläger der verklagten Stadtgemeinde mehrere Grundstücke zu bestimmten Einheitspreisen zum Kaufe an, indem sie sich bis zum 1. Juli 1909 für gebunden erklärten. Im § 6 der Urkunden heißt es: „Die Kosten, Stempelgebühren, sowie die Umsatzsteuer werden von der Käuferin übernommen." Im April 1909 wurde in Sch. eine städtische Wertzuwachssteuer eingeführt. Am 24. Juni 1909 nahm die Beklagte nicht ein inzwischen erfolgtes, beschränktes Nachtragsangebot, sondern die Angebote vom 10. Oktober an. Die Auflassung erfolgte am 31. Juli und die Übergabe am 1. August 1909. Im August 1909 zahlte die Beklagte den Kaufpreis an die Kläger, jedoch unter Einbehaltung eines Betrags von 475594,88 *M*, den sie auf die Wertzuwachssteuer verrechnete.

Nach vergeblichem Einspruche klagten die Kläger im Verwaltungsstreitverfahren. Der Bezirksausschuß erkannte auf Freistellung der Kläger von der Steuer, und das Oberverwaltungsgericht wies die Revision der Beklagten auf Grund der Annahme zurück, daß die der Erhebung der Wertzuwachssteuer zugrunde liegende Steuerordnung im ganzen Umfange rechtsungültig sei. Am 5. Dezember 1910 wurden den Klägern die einbehaltenen 475594,88 *M* ausgezahlt. Mit der gegenwärtigen Klage verfolgen sie einen Anspruch auf 4% Zinsen von diesem Betrage für die Zeit vom 1. August 1909 bis 5. Dezember 1910. Die Beklagte erhob die Einrede der Unzulässigkeit des Rechtswegs und bekämpfte den Anspruch auch als sachlich unbegründet. Sie wurde jedoch vom Landgerichte klagegemäß zur

Zahlung von 25375 *M* an die Kläger verurteilt. Das Kammergericht wies die Berufung der Beklagten zurück. Auch ihre Revision wurde zurückgewiesen aus folgenden

Gründen:

„Handelte es sich bei dem Anspruche der Kläger um einen Anspruch auf Verzinsung eines zu Unrecht eingezogenen Steuerbetrags, so würde ihm, wie der Revision zuzugeben ist, der Rechtsweg nach §§ 69, 70 des preußischen Kommunalabgabengesetzes vom 14. Juli 1893 in Verbindung mit § 13 GVG. verschlossen sein (vgl. Entsch. des RG.'s im Preuß. VerwaltBlatt 18 S. 190/1). In Wirklichkeit aber beanspruchen die Kläger den eingeklagten Betrag als Zinsen des von der Beklagten einbehaltenen Kaufgeldbetrags; unter diesem Gesichtspunkt ist er ihnen auch vom Berufungsgericht auf Grund des von den Parteien abgeschlossenen Kaufvertrags zugesprochen worden. Für einen solchen, wie auch die Revision nicht in Zweifel zieht, nach Gegenstand und Begründung vor die ordentlichen Gerichte gehörenden Anspruch wird der Rechtsweg nicht etwa dadurch ausgeschlossen, daß ihm eine Gegenforderung entgegengestellt wird, die an sich dem öffentlichen Rechte angehört, und über die nach den maßgebenden Zuständigkeitsvorschriften Verwaltungsbehörden oder Verwaltungsgerichte zu entscheiden haben (vgl. Entsch. des RG.'s in Gruchot's Beitr. Bd. 53 S. 89). Es kann sich vielmehr nur darum handeln, ob das Gericht über das Bestehen der Gegenforderung im Rahmen der Entscheidung über den Klaganspruch als ein für dessen Bestehen oder Nichtbestehen erhebliches Moment mitzuentscheiden oder ob es die Verhandlung und Entscheidung über den Klaganspruch in Anwendung des § 148 ZPO. bis zur Entscheidung der Verwaltungsbehörde oder des Verwaltungsgerichts über die Gegenforderung auszusetzen hat (vgl. Entsch. des RG.'s in Zivils. Bd. 77 S. 412/3). Im vorliegenden Falle kommt eine Aussetzung nicht in Frage, weil über die Steuerforderung, wegen deren die Beklagte den entsprechenden Kaufgeldbetrag einbehalten hat, von den zuständigen Verwaltungsgerichten bereits endgültig entschieden ist.

Der Zinsanspruch der Kläger ist an sich nach den vom Berufungsgerichte zugrunde gelegten §§ 452, 446 BGB. schon damit begründet, daß die gekauften Grundstücke der Beklagten am 1. August 1909 übergeben worden sind, und daß diese den nach dem Kaufvertrag unmittelbar im Anschluß an die — am 31. Juli 1909 vorgenommene — Auflassung zu zahlenden Preis in Höhe von 475594,88 ℳ erst am 5. Dezember 1910 gezahlt hat. Der Zinsanspruch besteht insbesondere abgesehen von einem Verzuge der Beklagten, also auch abgesehen von einem ihr in betreff der verspäteten Zahlung zur Last fallenden Verschulden, und er würde nur dann hinfällig sein, wenn die von der Beklagten bei der Einbehaltung der 475594,88 ℳ vorgenommene Verrechnung zum Erlöschen der Kaufpreisforderung in entsprechender Höhe geführt hätte. Das Berufungsgericht hat dies in erster Reihe aus dem Grunde verneint, weil die Beklagte vertraglich verpflichtet gewesen sei, die Wertzuwachssteuer selbst zu tragen. Ob dieser Entscheidungsgrund aufrecht zu halten, ob die ihm zugrunde liegende Auslegung des Vertrags, insbesondere seines § 6, angesichts des vom Reichsgericht in den Urteilen Bd. 72 S. 395 Entsch. in Zivils. und Jur. Wochenschr. 1911 S. 749 Nr. 4 eingenommenen Rechtsstandpunktes zu billigen ist, konnte dahingestellt bleiben; denn die Aufrechnung mit dem Wertzuwachssteuerbetrage konnte, wie das Berufungsgericht weiter mit Recht angenommen hat, schon deshalb nicht zum Erlöschen eines entsprechenden Teiles der Kaufpreisforderung führen, weil durch das Urteil des Oberverwaltungsgerichts die Nichtigkeit der Steuerforderung festgestellt ist.

Ohne Grund beruft sich die Revision demgegenüber auf § 75 des Kommunalabgabengesetzes. Diese Gesetzesstelle bestimmt nur, daß durch den — dem Abgabepflichtigen im § 69 gegen die Heranziehung gegebenen — Einspruch und durch die — ihm im § 70 gegen die Entscheidung des Gemeindevorstandes gegebene — Klage die Verpflichtung zur Zahlung oder Leistung nicht aufgeschoben wird. Die Vorschrift schließt sich damit den §§ 18 Abs. 5, 34 Abs. 5 des preußischen Zuständigkeitsgesetzes vom 1. August 1883 und dem § 38 Abs. 5 der preußischen Landgemeindeordnung vom 3. Juli 1891 an, wonach die Rechtsbehelfe, die dem zu Gemeindelasten Herangezogenen schon damals in Gestalt von Einspruch, Beschwerde und Klage gegeben waren, „keine aufschiebende Wirkung" haben. Über die materielle Berechtigung der Heranziehung oder Veranlagung, worüber auf Grund des Einspruchs und der Klage ja erst entschieden werden soll, ist damit nichts gesagt. Allerdings hat die Rechtsprechung des Oberverwaltungsgerichts daraus gefolgert, durch die Heranziehung oder Veranlagung entstehe eine „formale Zahlungsverbindlichkeit“, die erst durch Aufhebung der Veranlagung beseitigt werde, bis dahin bleibe der Herangezogene zur Leistung verpflichtet; die auf die Veranlagung geleistete Zahlung sei niemals ohne rechtlichen Grund erfolgt, der rechtliche Grund falle erst mit der Rechtskraft der freistellenden Entscheidung weg, vorher könne von einer ohne Rechtsgrund geleisteten Zahlung und von einer Fälligkeit und Verzinsung der Rückerstattungsschuld keine Rede sein (vgl. Entsch. OVerwG. Bd. 16 S. 245, Bd. 28 S. 117/8, ferner im Preuß. VerwBl. Bd. 21 S. 517, Bd. 24 S. 549 unter 134). Ob diese Folgerung durchweg gerechtfertigt ist, braucht hier nicht untersucht zu werden. Jedenfalls kann sie auf dem Gebiete des bürgerlichen Rechtes nicht bis dahin gezogen werden, daß schon allein durch die Heranziehung oder Veranlagung eine vollgültige materielle Verpflichtung des Herangezogenen oder Veranlagten gegenüber der Gemeinde begründet werde, und zwar auch dann, wenn die gesetzlichen Grundlagen dafür und für den damit geltend gemachten Steueranspruch nicht gegeben sind.

Es ist zuzugeben, daß bei Steuern von der Art der in Rede stehenden der Veranlagung eine über die Geltendmachung eines sonstigen Anspruchs hinausgehende, rechtsbegründende Bedeutung insofern zukommt, als die Verpflichtung zur Entrichtung eines bestimmten Steuersatzes nicht schon dann entsteht, wenn die gesetzlichen Voraussetzungen der Steuerpflicht begründet sind, sondern erst dann, wenn der Steuerpflichtige zur Zahlung des bestimmten Steuersatzes aufgefordert, dazu veranlagt ist (so insbesondere Entsch. OVerwG. Bd. 28 S. 117). Ebenso sehr muß jedoch daran festgehalten werden, daß die Verpflichtung zur Entrichtung des bestimmten Steuerbetrags nicht durch die Zahlungsaufforderung oder Veranlagung allein, sondern nur dann begründet wird, wenn auch jene gesetzlichen Voraussetzungen der Steuerpflicht gegeben sind. Die in Frage stehende, nicht nur in ihrer Wirkung, sondern auch in ihren Voraussetzungen nach bürgerlichem Rechte zu beurteilende Aufrechnung aber erfordert namentlich auf der Seite des Aufrechnenden eine vollgültige, nach allen ihren Voraussetzungen begründete Forderung, und § 390 BGB. schließt grundsätzlich auch die Aufrechnung mit einer Forderung aus, der eine Einrede entgegensteht, da eine solche Forderung, wie die Motive Bd. 1 (zu den §§ 281 bis 283 des 1. Entw.) sagen, keinen Wert repräsentiert, mit dem der Gläubiger befriedigt werden kann. Vollends ungeeignet, die im § 389 BGB. bezeichnete Wirkung des Erlöschens der einander gegenüberstehenden Forderungen hervorzubringen, ist die Aufrechnung mit einem lediglich auf der vorläufigen Vollstreckbarkeit einer behördlichen Verfügung beruhenden, einer bloßen „formalen Zahlungsverbindlichkeit" entsprechenden Anspruche. Daß der von der Beklagten geltend gemachte Wertzuwachssteueranspruch, weil auf einer rechtsungültigen Steuerordnung beruhend, materiell unbegründet ist und zur Zeit der Veranlagung und „Verrechnung" materiell unbegründet war, steht nach dem in dieser Beziehung maßgebenden, in dem Verwaltungsstreitverfahren zwischen den Parteien ergangenen Urteile des Oberverwaltungsgerichts fest.

Nicht verkannt wird, daß nach der berührten Rechtsprechung dieses Gerichtshofs die Beklagte die 475594,88 ℳ nicht hätte zu verzinsen brauchen, wenn sie die Summe nicht vom Kaufpreis einbehalten, sondern von den Klägern eingezogen hätte. Ein entscheidender Grund läßt sich hieraus indes gegen den hier vertretenen Standpunkt und für die Wirksamkeit der von der Beklagten vorgenommenen Aufrechnung nicht hernehmen." ...

---

83. Unter welchen Voraussetzungen findet Art. 4 der Pariser Übereinkunft zum Schutze des gewerblichen Eigentums vom 20. März 1883 Anwendung auf Erfindungen, die vor dem 1. Mai 1903 in einem Unionstaate zum Patent angemeldet waren?

I. Zivilsenat. Urt. v. 9. November 1912 i. S. Dr. H. (Kl.) w. Aktiengesellschaft C. L. (Bekl.). Rep. I. 287/11.

I. Patentamt.

Aus den Gründen:

„Soweit sich die Berufung der Beklagten gegen die Vernichtung des Patentanspruches 1 richtet, ist sie schon aus Rechtsgründen zu verwerfen. Aus Art. 4 des Unionvertrags ergibt sich, daß die Antizipation einer in einem Unionstaate zum Patent angemeldeten Erfindung dem Anmelder dann nicht schaden soll, wenn dieselbe Erfindung von ihm oder seinem Rechtsvorgänger innerhalb einer Frist von

12 Monaten in einem anderen Unionstaate vorher zum Patent angemeldet war. Der Unionvertrag ist aber in Deutschland erst am 1. Mai 1903 in Kraft getreten, während die Anmeldung der in Frage stehenden Erfindung in dem Unionstaate Dänemark bereits am 9. September 1902, die Patenterteilung am 3. April 1903 und die druckschriftliche Veröffentlichung des Patentes am 14. April 1903 stattgefunden hat. Die deutsche Patentanmeldung erfolgt am 11. Juli 1903. Nach dem Standpunkte des Patentamtes, wie er auch in früheren Äußerungen und Entscheidungen Ausdruck gefunden hat,

vgl. Blatt für Patent-, Muster- u. Zeichenwesen 1903 S. 136; 1904 S. 167; 1905 S. 118, ebenso Damme in Gew. Rechtsschutz u. UrhRecht. 1903 S. 7,

wäre die dänische Anmeldung schon aus dem Grunde unbeachtlich, weil sie vor dem Inkrafttreten des Unionvertrags in Deutschland liegt. Von den Vertretern dieser Ansicht wird ausgeführt, es fehle in einem solchen Falle an dem rechtsbegründenden Akte für das Prioritätsrecht, die Prioritätswirkung sei untrennbar mit der Anmeldung verbunden und könne nicht in einem späteren Zeitpunkte hinzutreten. Diese Auslegung schränkt die Wirkung des Vertrags in einer den Zwecken von Gesetzen und Staatsverträgen nicht entsprechenden Weise ein. Allerdings ist davon auszugehen, daß die Gesetze der Regel nach keine rückwirkende Kraft haben und insbesondere nicht bezwecken, in Rechte einzugreifen, die auf Grund des früheren Rechtszustandes erworben sind. Dies rechtfertigt aber noch nicht, dem neuen Gesetze die Wirkung auch dann zu versagen, wenn die Bedingungen, an welche es diese Wirkungen knüpfen will, bei seinem Inkrafttreten vorliegen, — lediglich aus dem Grunde, weil diese Bedingungen oder eine derselben schon früher eingetreten waren. Nur soviel ist zuzugeben, daß die Wirkung des Gesetzes erst mit seinem Inkrafttreten beginnen kann, und daß es die bereits vollendeten Rechtswirkungen, die auf dem früheren Zustande beruhen, nicht zu beseitigen vermag. In dieser Weise behandelt auch die Übergangsvorschrift des Art. 169 EG. z. BGB. eine nicht unähnliche Frage, welche die Änderung der Bestimmungen über die Verjährung betrifft.

Es läge daher im vorliegenden Falle kein Grund vor, der dänischen Anmeldung, welche beim Inkrafttreten des Unionvertrags gegeben war, die Wirkung dahin zu versagen, daß Antizipationen, welche zwischen diesem Inkrafttreten und der innerhalb der Prioritätsfrist von 12 Monaten erfolgten deutschen Anmeldung vorgekommen sein sollten, außer Betracht bleiben, und sie in dieser Hinsicht ungünstiger zu behandeln, wie eine etwa nach dem 1. Mai 1903 erfolgte dänische Anmeldung. Auf diesem Wege werden Rechte Dritter, welche vor dem Inkrafttreten des Unionvertrags nach dem damaligen Rechtszustande erworben sein sollten, nicht verletzt.

So Kohler, Handb. S. 297 und anscheinend auch Osterrieth und Axter, Die Pariser Konvention S. 103. Denselben Standpunkt vertritt bezüglich des deutsch-österreichischen Übereinkommens vom 6. Dezember 1891 Schanze in Hirths Annalen 1894 S. 253.

Der Beklagten ist aber auch mit dieser ihr günstigeren Auslegung des Unionvertrags nicht geholfen, weil eine Antizipation vor seinem Inkrafttreten in Deutschland in Gestalt der Veröffentlichung des dänischen Patentes vom 14. April 1903 stattgefunden hat. Damit war die Erfindung nach dem damaligen deutschen Rechte für das Gebiet des Deutschen Reiches Gemeingut geworden, und dieser Rechtszustand wurde durch die Konvention nicht aufgehoben, weil ihr rückwirkende Kraft nicht zukommt. Daß der Inhalt des Patentanspruchs 1 tatsächlich durch die dänische Patentschrift vorweggenommen wird, ist unbestreitbar." ...

---

84. Kann nach Eintritt des Erbfalls der Nacherbe die Erbschaft wirksam annehmen, bevor sie ihm angefallen ist?

BGB. §§ 1946, 2142.

IV. Zivilsenat. Urt. v. 9. November 1912 i. S. Ehel. J. (Kl.) w. minderj. Geschw. T. (Bekl.). Rep. IV. 187/12.

I. Landgericht Dresden.
II. Oberlandesgericht daselbst.

Am 31. August 1906 verstarb in P., woselbst er seinen letzten Wohnsitz gehabt hatte, der Privatmann M. Auf Grund des von ihm am 21. Januar 1899 errichteten Testaments ging sein Nachlaß auf seine Witwe Marie M. geb L. als Vorerbin über und sollte mit deren Tode den Geschwistern Curt und Else M. als Nacherben anfallen. Der Erblasser hatte außerdem in seinem Testamentsnachtrage vom 23. März 1903 bestimmt, daß, wenn Else L., die sich inzwischen mit dem Kaufmann T. verheiratet hatte, versterbe, deren Erbteil ihren Kindern zuteil werden sollte. Schon bei Lebzeiten der Vorerbin Marie M. geb. L. hat die Nacherbin Else T. geb. L. mit Zustimmung ihres Ehemanns die ihr zustehenden Nacherbschaftsrechte durch einen notariellen Vertrag vom 3. März 1908 den klagenden Eheleuten J. verpfändet, und zwar dem klagenden Ehemanne für eine Darlehnsforderung von 10000 ℳ und der klagenden Ehefrau für eine Hypothekenforderung von 20000 ℳ. Als jedoch die Vorerbin am 23. Februar 1909 verstarb, schlug Frau T. die Nacherbschaft mit der Erklärung aus, daß dies zugunsten ihrer Kinder geschehe. Auf Grund dessen nahmen die verklagten Geschwister T. den ihrer Mutter als Nacherbin ausgesetzten Erbteil als Ersatznacherben für sich in Anspruch. Die Kläger stellen sich demgegenüber auf den Standpunkt, daß die von der Nacherbin Else T. geb. L. erklärte Ausschlagung unwirksam sei, weil die Verpfändung des Erbteils vom 3. März 1908 schon eine wirksame Erbschaftsannahme enthalte; überdies hätten die Eheleute T. durch die Ausschlagung lediglich die ihnen, den Klägern, als den Pfandgläubigern zustehenden Rechte vereiteln wollen.

Im gegenwärtigen Rechtsstreite handelt es sich indessen nur um gewisse Bestandteile des Nachlasses. In einem zwischen den klagenden Eheleuten und den Eheleuten T. geführten Vorprozesse haben nämlich die Eheleute T. durch einen prozeßgerichtlichen Vergleich darein gewilligt, daß ein zum Nachlasse gehöriges Kaufgeld, das von dem Schuldner wegen der über die Person des Gläubigers bestehenden Ungewißheit bei dem Amtsgericht in P. hinterlegt worden war, im Betrage von 5000 ℳ an die klagenden Eheleute J. ausgezahlt werde und daß die Kläger zur Deckung ihrer Forderung weitere 10500 ℳ aus dem Nachlaß erhielten. Daraufhin wurden die hinterlegten 5000 ℳ an die Kläger ausgezahlt. Mit dem Klagantrage verlangen nunmehr die Kläger, daß ihnen auch von gewissen zum Nachlasse des M. gehörigen Wertpapieren, die auf den Namen der Vorerbin Witwe M. bei der Sächsischen Bank in Dr. niedergelegt sind, Stücke im Betrage von 10500 ℳ oder ein entsprechender Teil ihres Erlöses ausgeliefert werde. Die Beklagten haben nicht nur dem auf Einwilligung in diese Auslieferung gerichteten Klagebegehren widersprochen, sondern zugleich widerklagend darauf angetragen, die Kläger zur Herausgabe der aus der Hinterlegung an sie gezahlten 5000 *M* zu verurteilen.

Das Landgericht hat dem Klagantrage stattgegeben und die Widerklage abgewiesen. Auf die Berufung der Beklagten hat das Oberlandesgericht abändernd die Klage abgewiesen und nach dem Antrage der Widerklage erkannt. Die Revision der Kläger führte zur Wiederherstellung des landgerichtlichen Urteils.

Aus den Gründen:

„Die Entscheidung hängt ausschließlich von der unter den Schriftstellern streitigen Rechtsfrage ab, ob nach dem Eintritte des Erbfalls der Nacherbe die Erbschaft wirksam annehmen kann, auch wenn sie ihm noch nicht angefallen ist. Wie § 1946 BGB. grundlegend vorschreibt, kann der Erbe die Erbschaft annehmen oder ausschlagen, sobald der Erbfall eingetreten ist. Nach § 1922 Abs. 1 in Verbindung mit § 1942 Abs. 1 vollzieht sich gleichzeitig mit dem Erbfall der Anfall der Erbschaft an den Erben. Dem Nacherben aber fällt die Erbschaft in einem späteren Zeitpunkte an: er wird erst Erbe, wenn der Vorerbe aufhört, Erbe zu sein (§§ 2100, 2139). Es entsteht hieraus der Zweifel, ob die Regelung des § 1946 sich auf den Nacherben überhaupt erstreckt, ob also das Gesetz unter dem Erben, der schon mit dem Eintritte des Erbfalls annehmen oder ausschlagen kann, den Nacherben mitversteht, oder ob die Gesetzesregel selbst, abweichend von dem Wortlaute des § 1946, dahin zu deuten ist, daß grundsätzlich jeder Erbe die Erbschaft erst dann annehmen oder ausschlagen kann, wenn sie ihm angefallen ist, wobei in Betracht kommt, daß auch abgesehen von der eigentlichen Nacherbfolge der Erbfall und der Erbanfall in Wirklichkeit nicht immer zeitlich zusammentreffen. Läßt man das erstere nicht gelten, nimmt man also den Nacherben von der in § 1946 getroffenen Regelung überhaupt aus, so fehlt es für die Frage, wann der Nacherbe die Erbschaft annehmen kann, an einer unmittelbaren Regelung im Gesetze. Denn nur mit Bezug auf das Zeiterfordernis der Ausschlagung des Nacherben enthält § 2142 Abs. 1 BGB. die Vorschrift:

der Nacherbe kann die Erbschaft ausschlagen, sobald der Erbfall eingetreten ist.

Wer in dieser Vorschrift nicht einen besonderen Anwendungsfall des § 1946 erblickt und ebensowenig das, was für die Ausschlagung durch den Nacherben vorgeschrieben ist, auf die Annahme entsprechend anwenden will, muß, wie dies in der Rechtslehre mehrfach geschieht, in der angegebenen Weise die Grundregel des § 1946 dahin umdeuten, daß der Erbe die Erbschaft annehmen oder ausschlagen kann: nicht sobald der Erbfall eingetreten ist, sondern sobald sie ihm angefallen ist. Dann bildet § 2142 Abs. 1 ihr gegenüber eine Ausnahme, die Erbschaftsannahme durch den Nacherben dagegen folgt wieder der so verstandenen Regel.

Überwiegende Gründe sprechen jedoch gegen die Richtigkeit dieser Gesetzesauslegung. Es kann nur zugegeben werden, daß weder aus dem Gesetze selbst noch auch aus den Vorarbeiten ein sicherer Aufschluß darüber zu gewinnen ist, auf welchen gesetzgeberischen Erwägungen es beruht, daß der Zeitpunkt, von dem an dem Nacherben die Ausschlagung der Erbschaft freigestellt sein sollte, durch die Vorschrift des § 2142 Abs. 1 besonders bestimmt ist, wenn man durch die diesseits gutgeheißene Gesetzesauslegung dahin gelangt, daß vermöge der allgemeinen Vorschrift des § 1946 der gleiche Zeitpunkt in Ansehung sämtlicher Erbfälle sowohl für die Annahme als auch für die Ausschlagung der maßgebende ist.

Besonderer Anlaß, gerade die Ausschlagung des Nacherben von der für alle Erben geltenden zeitlichen Regelung der Annahme und Ausschlagung auszunehmen, würde allerdings dann bestanden haben, wenn die grundlegende Norm des I. Entw. z. BGB. in das Gesetz übernommen worden wäre. Sie sollte damals (§ 2033 I. Entw.) wie folgt lauten:

> Die Erbschaft kann, sofern nicht das Gesetz ein anderes bestimmt, nicht vor Beginn der (durch § 2030 Abs. 2 I. Entw. in Übereinstimmung mit § 1944 Abs. 2 BGB. geregelten) Ausschlagungsfrist angenommen oder ausgeschlagen werden.

Die Vorschrift bezog sich also, wie ihre Fassung zweifelsfrei erkennen ließ, wie sich aber auch aus den Erörterungen der Motive über die vorgesehenen Ausnahmen ergab (Mot. Bd. 5 S. 121 flg., 503 flg.), an sich auch auf den Nacherben. Sie stand aber dem zur Nacherbschaft berufenen Pflichtteilsberechtigten entgegen, wenn er, um sofort sein Pflichtteilsrecht geltend machen zu können, entsprechend der Vorschrift des § 1981 I. Entw. (jetzt § 2306 BGB.) die Erbschaft ausschlagen mußte. Um ihm dies zu ermöglichen und gleichzeitig dem mitunter vorhandenen Bedürfnis einer Ablösung der Nacherbschaft durch den Vorerben Rechnung zu tragen (Mot. Bd. 5 S. 121 flg.), sollte durch eine besondere nur für die Ausschlagung durch den Nacherben geltende Ausnahmevorschrift Vorsorge getroffen werden. Diese war im § 1832 I. Entw. enthalten und lautete nach Voranstellung der Regelung über die durch Ausschlagung des Nacherben sich vollziehende Konsolidation (Abs. 1) im Absatz 2 wie folgt:

Die Ausschlagung der Nacherbschaft kann erfolgen, sobald die Erbschaft dem Vorerben angefallen ist.

Nun verschob sich aber durch die Beschlüsse der zweiten Kommission die grundlegende Norm mit ihrem Inhalt in der Weise, daß die Ausnahme dadurch als solche hinfällig wurde und mit der Regel übereinstimmte. Trotzdem wurde die Vorschrift des § 1832 Abs. 2 I. Entw. nicht nur beibehalten, sondern, nachdem sie ursprünglich die Fassung erhalten hatte:

Der Nacherbe kann die Erbschaft ausschlagen, sobald sie dem Vorerben angefallen ist (Prot. Bd. 5 S. 131),

schließlich mit der an die Stelle des § 2033 I. Entw. gesetzten, jetzt in § 1946 enthaltenen Regelung dadurch in volle Übereinstimmung gebracht, daß auch für den Beginn der Ausschlagungsbefugnis des Nacherben der Eintritt des Erbfalls als der maßgebende Zeitpunkt bestimmt wurde. Aus dieser zuletzt beschlossenen völligen Anpassung des § 2142 Abs. 2 BGB. an die Vorschrift des § 1946 läßt sich zwar nicht ohne weiteres herleiten, daß damit nur ein besonders wichtiger Anwendungsfall dieser Regel hervorgehoben werden sollte. Anderseits fehlt es jedoch auch an jedem Anhalt für die Annahme, daß etwa die Absicht bestanden hätte, mit der sachlichen Umgestaltung des § 2033 I. Entw. die darin enthaltene allgemeine Regelung auf ein engeres Anwendungsgebiet einzuschränken und den Nacherben dabei überhaupt auszuscheiden (vgl. Prot. Bd. 5 S. 624 flg.). Im Gegenteil deutet die Beseitigung des in § 2033 enthaltenen Hinweises auf gesetzlich vorgesehene Ausnahmen, wenn nicht auf eine Erweiterung, so doch jedenfalls auf eine Beibehaltung des nämlichen Anwendungsgebiets hin. Erstreckte sich mithin die Regelung des § 2053 I. Entw. auf die von der Ausnahmevorschrift des § 1832 nicht betroffene Annahme der Erbschaft durch den Nacherben, so spricht dies dafür, daß das gleiche jetzt von der an Stelle des § 2033 gesetzten Vorschrift des § 1946 BGB. zu gelten hat.

Dafür spricht aber in gewissem Sinne auch die in § 1951 Abs. 2 Satz 1 BGB. enthaltene Vorschrift, wonach bei einer auf demselben Berufungsgrunde beruhenden Berufung zu mehreren Erbteilen die Annahme (wie die Ausschlagung) des einen Erbteils zugleich für den anderen gilt, und zwar selbst dann, wenn der andere Erbteil noch nicht angefallen ist. In diesem besonderen Falle befindet sich also jedenfalls auch der Nacherbe in der Lage, vor dem Anfall annehmen zu können. Und was noch wichtiger ist: es zeigt sich darin, daß sich das Gesetz grundsätzlich der Wirksamkeit einer dem Anfalle vorausgehenden Annahme nicht entgegenstellt. Nicht anders verhält es sich mit dem Ersatzerben (§ 2096), wenn der vorberufene Erbe noch nicht weggefallen ist. Er kann trotzdem, obwohl ihm die Erbschaft noch nicht angefallen ist und es unter Umständen zu einem Anfall an ihn überhaupt nicht kommt, also in bloßer Erwartung des Anfalls, gemäß § 1946 nach dem Eintritte des Erbfalls vorweg ausschlagen und ebenso vorweg annehmen. Das gleiche gilt von dem unter einer noch schwebenden Bedingung und von dem von einem späteren Zeitpunkt ab berufenen Erben, und ebenso von dem Erben, dessen Berufung zur gesetzlichen Erbfolge noch davon abhängt, ob ein Vorberufener die Erbschaft ausschlagen wird. Der Nacherbe aber ist, wofür gemäß § 2102 Abs. 1 die Vermutung spricht, der Regel nach zugleich als Ersatzerbe berufen. Vereinigt er beide Eigenschaften in sich, so würde, wenn er als Ersatzerbe vor dem Wegfall des Vorerben angenommen hat, seine Ausschließung von der im § 1946 enthaltenen Regelung nur zu der innerlich durch nichts gerechtfertigten Unterscheidung führen, daß die Annahme zwar für den Ersatzerbfall, nicht aber auch für den Nacherbfall Geltung hat.

Immerhin läßt sich nicht ersehen, welche Absichten bei der zweiten Lesung des Entwurfs und bei dem späteren Fortschreiten des Gesetzgebungswerks vorgewaltet haben, wenn die Vorschrift des § 1946 sich auf den Nacherben mitbeziehen sollte, gleichwohl aber die danach entbehrliche Vorschrift des § 2142 Abs. 1 beibehalten wurde. Es ergibt sich indessen aus den bisherigen Darlegungen jedenfalls so viel, daß für einen Umkehrschluß aus § 2142 Abs. 1 sich aus dem Entwickelungsgange der Vorarbeiten unterstützende Beweisgründe nicht gewinnen lassen. Deshalb allein, weil durch ausdrückliche Gesetzesvorschrift die vorzeitige Ausschlagung dem Nacherben freigestellt und eine besondere Vorschrift über die an seine Annahme zu stellenden zeitlichen Anforderungen im Gesetze nicht enthalten ist, darf aber einer dem Nacherbfall vorausgehenden Annahme die Wirksamkeit überhaupt nicht versagt werden. In keinem Falle steht der Anerkennung ihrer Wirksamkeit der Wortlaut der §§ 1946, 2142 Abs. 1 entgegen, und auch mit den übrigen Gesetzesvorschriften läßt sie sich besser in Einklang bringen, als die Annahme der Unwirksamkeit; so, abgesehen von § 1951 Abs. 2 Satz 1, beispielsweise auch mit § 1957 Abs. 1 BGB.

Läßt das Gesetz selbst noch Zweifel übrig, so kommt es in ausschlaggebender Weise darauf an, welche der beiden Auslegungen den Anforderungen der Billigkeit und des Verkehrs in höherem Maße entspricht. In dieser Beziehung besteht zunächst kein Grund, den vor dem Anfall zur Erbschaftsannahme schreitenden Nacherben gegen die Folgen seines eigenen Verhaltens in Schutz zu nehmen und ihm wider seinen rechtsgeschäftlich betätigten Willen die freie Entschließung für eine fernere Zeit offen zu halten. Eine besondere Gefahr für ihn läßt sich auch darin nicht erblicken, daß, während der vielleicht langen Dauer der Vorerbschaft, sein Verhalten bei irgend einer Gelegenheit ihm leichthin als eine vorzeitige Annahme ausgelegt werden könnte. Jedenfalls kann die bloße Wahrnehmung solcher Rechte und Pflichten, die unabhängig davon, ob eine Erbschaftsannahme bereits stattgefunden hat oder nicht, während der Dauer der Vorerbschaft im Verhältnis zwischen ihm und dem Vorerben bestehen (vgl. Urteil des RG.'s vom 21. April 1910 Rep. IV. 423/09 im Recht 1910 Nr. 2581, §§ 2116flg., 2127flg., 2120 BGB.), für sich allein eine durch schlüssiges Verhalten betätigte Erbschaftsannahme schlechterdings nicht darstellen. Überdies befindet sich der Nacherbe in der Lage, selbst bei übereilter Annahme im Falle einer Überschuldung des Nachlasses durch gehörige Ausübung der ihm zustehenden Rechtsbehelfe (§ 2144) sich gegen jeden Vermögensverlust zu sichern. Eine Fürsorge aber, die so weit ginge, ihn auch vor den Unbequemlichkeiten einer derartigen Mühewaltung zu bewahren, ist um so weniger angebracht, als gerade die Vermeidung jeder unnötigen Bevormundung den Grund gebildet hat, weshalb es nicht bei § 2033

I. Entw. verblieben ist, dem Erben vielmehr allgemein durch § 1946 BGB. die Freiheit des Handelns nach der Richtung gewahrt wurde, daß er vom Eintritt des Erbfalls an annehmen oder ausschlagen kann, auch wenn sich die Voraussetzungen für den Beginn der Ausschlagungsfrist (§ 1944 Abs. 2) in seiner Person noch nicht erfüllt haben (Prot. Bd. 5 S. 626).

Es läßt sich aber schließlich ohne einen Widerstreit gegen die Anforderungen des redlichen Verkehrs nicht miteinander vereinbaren, wenn auf der einen Seite dem Nacherben die Befugnis zugesprochen werden muß, nach Eintritt des Erbfalls über den ihm noch nicht angefallenen Erbteil zu verfügen, auf der anderen Seite aber der in einer solchen Verfügung mit unverkennbarer Bestimmtheit sich betätigenden Erbschaftsannahme um ihrer Vorzeitigkeit willen die Wirksamkeit abgesprochen werden müßte. Mißstände könnten sich schon dann ergeben, wenn es dem auf den ganzen Nachlaß berufenen Nacherben, nachdem er die Erbschaft verkauft hat, noch freistände, etwa im Einvernehmen mit dem Vorerben oder dem nächstberufenen Erben die Erbschaft auszuschlagen. Zu der offenbaren Unbilligkeit aber tritt ein innerer Widerspruch hinzu, wenn der über den Erbanteil selbst verfügende Anteilsnacherbe es in der Hand behielte, den Gegenstand seiner Verfügung durch eine Ausschlagung hinterher dem Erwerber wieder zu entziehen. Wohin das führt, zeigt der vorliegende Rechtsfall. Die Eheleute T. verwerten zunächst den der Ehefrau als Nacherbin zustehenden Erbteil durch eine formgerechte und nach der bisherigen Rechtsprechung wirksame Verpfändung an die Kläger. Nachdem dies geschehen ist, schlagen sie die Erbschaft aus, um sie ihren als Ersatznacherben berufenen Kindern in die Hände zu spielen. An der eben erwähnten Rechtsprechung ist aber festzuhalten. Schon durch Urteil vom 11. Juli 1907, Rep. IV. 550/06 (Gruchot, Bd. 52 S. 680) hat der Senat anerkannt, daß nach dem Eintritte des Erbfalls der Nacherbe über seinen Erbanteil verfügen kann. Zu der damaligen Begründung tritt hinzu, daß bei einer gleichzeitigen Berufung auf mehrere Erbteile das Gesetz selbst durch die dem § 1951 Abs. 2 Satz 1 sich anschließende Vorschrift des § 2373 dem verkaufenden Erben freistellt, den noch nicht angefallenen Erbteil mitzuverkaufen, wofür es die Vermutung sprechen läßt, oder ihn vom Verkauf auszuschließen.

Nach alledem hat der Senat die im vorliegenden Falle für die Entscheidung ausschlaggebende Rechtsfrage dahin beantwortet, daß, sobald der Erbfall eingetreten ist, der Nacherbe die Erbschaft annehmen kann, auch wenn sie ihm noch nicht angefallen ist.

Geht man hiervon aus, so unterliegt die Aufhebung des Berufungsurteils und die Wiederherstellung der landgerichtlichen Entscheidung keinem Bedenken. Daß in der Verpfändung des Erbteils an die Kläger zugleich eine unzweideutige Kundgebung des Willens enthalten ist, die Erbschaft anzunehmen, hat auch der Berufungsrichter nicht bezweifelt. Einer besonderen Form bedarf, im Unterschiede von der Ausschlagung, die Annahmeerklärung nicht (§§ 1943, 1945 flg.). War sie demnach im gegebenen Falle wirksam, so konnte gemäß § 1945 Frau T. hinterher die Erbschaft nicht mehr ausschlagen. Frau T. ist also mit dem Ableben der Vorerbin Frau M. Erbin geworden. Ein Erbanfall an die Beklagten, die durch den Testamentsnachtrag des Erblassers vom 23. März 1903 nur als Ersatzerben für den Fall des Ausscheidens ihrer Mutter zur Erbfolge berufen waren, hat daher überhaupt nicht stattgefunden (§ 2096). . . . Da die Beklagten also, ohne daß ihnen am Nachlaß irgend welche Rechte zustehen, den Klägern bei der Befriedigung aus dem ihnen rechtswirksam verpfändeten Erbteile hindernd entgegengetreten sind, bedarf es einer Entkräftung ihres Widerspruchs durch die dem Klagantrag entsprechende Entscheidung, während ihre Widerklage sich als hinfällig erweist.

Unter Anwendung des § 565 Abs. 3 Nr. 1 ZPO. ist deshalb wie geschehen erkannt worden."

---

85. Kann eine Gesellschaft m. b. H. durch Abänderung des Gesellschaftsvertrags bestimmen, daß sich die Gesellschafter, welche mit ihr in Wettbewerb stehen, in den Gesellschaftsversammlungen durch Mitglieder der Geschäftsführung oder des Aufsichtsrats vertreten lassen müssen, die nicht Konkurrenten der Gesellschaft sind?

GmbHG. §§ 45 Abs. 2, 47 Abs. 3, 53.
BGB. §§ 35, 138 Abs. 1, 826.

II. Zivilsenat. Urt. v. 12. November 1912 i. S. Hamburger Kaffee-Importgeschäft E. T. (Kl.) w. Kakaokompagnie Th. R. G. m. b. H. (Bekl.). Rep. II. 291/12.

I. Landgericht Altona.
II. Oberlandesgericht Kiel.

Durch Teilurteil hat das Landgericht festgestellt, daß der in der Gesellschafterversammlung der Beklagten vom 6. Mai 1911 zu § 9 des Gesellschaftsstatuts gefaßte Beschluß der Klägerin gegenüber ungültig ist.

Das Oberlandesgericht hat dieses Urteil auf Berufung der Beklagten dahin abgeändert, daß die Klägerin abgewiesen werde mit ihrem Antrage, festzustellen, daß der in der Gesellschafterversammlung der Beklagten vom 6. Mai 1911 gefaßte Beschluß nichtig sei, soweit er das persönlich oder durch Bevollmächtigte auszuübende Recht der Teilnahme der Gesellschafter an der Gesellschafterversammlung der Beklagten betreffe. Die Revision der Klägerin ist zurückgewiesen worden aus folgenden

Gründen:

„Die Klägerin ist Gesellschafterin der Beklagten. Sie hat 900 Stimmen. Gegen ihre Stimmen hat die Gesellschafterversammlung am 6. Mai 1911 in der für Abänderung des Gesellschaftsvertrags vorgeschriebenen Art und Weise dem § 9 des Gesellschaftsvertrags einen weiteren Absatz hinzugefügt. Dieser neue Absatz 2 des § 9 des Gesellschaftsvertrags besagt nach der diesem Absatze von den Parteien und den Instanzen gegebenen Auslegung unter anderem, daß sich Gesellschafter, solange sie sich unmittelbar oder mittelbar an einem Wettbewerbsunternehmen beteiligen oder für ein solches irgendwie tätig sind, durch ein Mitglied der Geschäftsführung oder des Aufsichtsrats in den Gesellschafterversammlungen vertreten lassen müssen. Jedoch dürfen auch diese Vertreter weder unmittelbar noch mittelbar an einem Konkurrenzunternehmen beteiligt, noch für ein solches irgendwie tätig sein, sonst werden sie zu den Versammlungen nicht zugelassen. Den mit ihrer Gesellschaft im Wettbewerbe stehenden Gesellschaftern ist also durch diesen neuen Zusatz die persönliche Teilnahme an den Gesellschafterversammlungen und die persönliche

Ausübung des Stimmrechts entzogen; es ist für sie eine Zwangsvertretung vorgeschrieben.

Diese Abänderung des Gesellschaftsvertrags trifft die Klägerin, weil sie nach der Feststellung des Berufungsrichters mit der Beklagten durch Gründung eines Konkurrenzunternehmens, nämlich einer Schokoladen- und Kakaofabrik, in Wettbewerb zu treten beabsichtigt. Die Klägerin hat den Gesellschafterbeschluß vom 6. Mai 1911, soweit er diese Zwangsvertretung einrichtet, auf Grund des § 134 BGB. angefochten, weil Gesellschaftern einer Gesellschaft m. b. H. die Befugnis, an den Gesellschafterversammlungen persönlich teilzunehmen oder sich durch beliebige Bevollmächtigte vertreten zu lassen, nicht durch nachträgliche Änderung des Gesellschaftsvertrags beeinträchtigt werden dürfe. Der Beschluß verletze ihr Sonderrecht (§ 35 BGB.). Sodann vertritt die Klägerin die Ansicht, der Mehrheitsbeschluß vom 6. Mai 1911 bedeute eine Vergewaltigung der Minderheit; er stelle einen Mißbrauch der Rechte der Mehrheit dar und enthalte daher eine vorsätzliche, gegen die guten Sitten verstoßende Schädigung der Klägerin (§§ 138 Abs. 1, 826 BGB.).

Beide Anfechtungsgründe sind vom Berufungsrichter mit Recht abgelehnt worden.

Die Gesellschaft m. b. H. bildet in ihrem rechtlichen Wesen ein Mittelding zwischen der reinen Kapitalgesellschaft (der Aktiengesellschaft) und der individuell organisierten offenen Handelsgesellschaft. Mit der Aktiengesellschaft hat die Gesellschaft m. b. H. gemeinsam, daß die Gesellschafter für die Verbindlichkeiten der Gesellschaft nicht haften und daß sie mit Einlagen am Grundkapital beteiligt sind. Mit der offenen Handelsgesellschaft hat die Gesellschaft m. b. H. die Auflösungsgründe des § 61 GmbHG. gemeinsam. Namentlich zeigt sich die Zwitterstellung der Gesellschaft m. b. H. in der Art der Verteilung der Machtverhältnisse bei Ordnung von Gesellschaftsangelegenheiten. Bald nähert sich hier die Gesellschaft m. b. H. der Aktiengesellschaft, bald der Organisation der offenen Handelsgesellschaft. Hinsichtlich des Mitverwaltungsrechts der Gesellschafter geht § 45 Abs. 2 GmbHG. sogar so weit, daß durch Gesellschaftsvertrag die Gesellschafterversammlung als Beschlußorgan völlig beseitigt und die Funktion, die nach der gesetzlichen Regel der Gesellschafterversammlung zugewiesen ist, einem anderen Organ der

Gesellschaft übertragen werden kann. Diese Bestimmung des § 45 Abs. 2 GmbHG. erinnert an die Bestimmung der §§ 114 und 118 HGB., wonach Gesellschafter der offenen Handelsgesellschaft durch Gesellschaftsvertrag von der Geschäftsführung ausgeschlossen werden und ihnen unter gewöhnlichen Umständen sogar das Recht auf Einsicht der Bücher entzogen werden kann. Diese Vergleichung zeigt bereits, daß das Recht der Gesellschafter auf Teilnahme an der Verwaltung der Gesellschaft m. b. H. mehr den bei der offenen Handelsgesellschaft geltenden Regeln angenähert ist als den für die Aktiengesellschaft aufgestellten Grundsätzen.

In § 252 HGB. wird das Stimmrecht des Aktionärs für ein unentziehbares Sonderrecht erklärt. Dasselbe wird dort auch rücksichtlich des Anspruchs des Aktionärs auf persönliche Mitwirkung bei der Verwaltung der Gesellschaft bestimmt, wenn auch das Recht der Teilnahme an den Generalversammlungen und der Ausübung des Stimmrechts durch die Satzung an gewisse Voraussetzungen geknüpft werden darf. § 47 Abs. 3 GmbHG. beschränkt sich dagegen auf die Vorschrift, daß Vollmachten zu ihrer Gültigkeit der schriftlichen Form bedürfen. Aus dieser Vorschrift ergibt sich, daß jedes Gesellschaftsmitglied, sobald eine Gesellschafterversammlung wie hier als beschließendes Organ eingerichtet ist, einen Bevollmächtigten als seinen Vertreter zur Teilnahme an der Mitgliederversammlung entsenden kann. Das österreichische Gesetz über die Gesellschaften mit beschränkter Haftung vom 6. März 1906 hat diese Folgerung in Abs. 3 des § 39 ausdrücklich gezogen. Diese Bestimmungen des deutschen wie des österreichischen Gesetzes enthalten jedoch nachgiebiges Recht. Denn § 45 Abs. 2 GmbHG. und § 39 Abs. 1 des österreichischen Gesetzes gestatten es ausdrücklich, daß der ursprüngliche Gesellschaftsvertrag anderes bestimme. Folglich darf der ursprüngliche Gesellschaftsvertrag die Bestimmung treffen, daß jeder Gesellschafter seine Rechte in der Versammlung der Gesellschafter, wenn er Konkurrent seiner Gesellschaft ist, nur durch einen Bevollmächtigten ausüben darf, und daß dieser Bevollmächtigte gewisse Eigenschaften besitzen, z. B. der Geschäftsführung oder dem Aufsichtsrat angehören muß und nicht Konkurrent der Gesellschaft sein darf.

Die Klägerin bezweifelt ohne Grund, daß die gleiche Bestimmung nachträglich durch Änderung des ursprünglichen Gesellschaftsvertrags eingeführt werden kann. Die Abänderung des ursprünglichen Gesellschaftsvertrags mit einer Mehrheit von dreiviertel der abgegebenen Stimmen ist in § 53 GmbHG. zugelassen, damit nicht ein einzelner Gesellschafter eine nach Ansicht der überwiegenden Mehrheit im Interesse der Gesellschaft liegende Abänderung des Gesellschaftsvertrags durch seinen Widerspruch hindern kann. Die Grenzen dieser Macht der Mehrheit der Gesellschafter sind mit der Begründung des § 54 des Entwurfs eines Gesetzes betreffend die Gesellschaften m. b. H. und mit den erläuternden Bemerkungen der Regierung zu dem österreichischen Gesetzentwurfe §§ 43 bis 45 dahin zu ziehen, daß sich kein Gesellschafter eine Änderung des Gesellschaftsvertrags gefallen zu lassen braucht, die eine Beeinträchtigung seines Sonderrechts oder eine nicht alle Mitglieder gleichmäßig treffende Schmälerung seiner allgemeinen Mitgliederrechte zum Gegenstand hat. Es sind dies dieselben Grundsätze, die auch in der Rechtsprechung Anerkennung gefunden haben (vgl. Entsch. des RG.'s in Zivils. Bd. 73 S. 191, Bd. 57 S. 173, Bd. 41 S. 99) und die von dem auch hier anwendbaren § 35 BGB. insofern bestätigt werden, als Sonderrechte eines Mitglieds nicht ohne dessen Zustimmung durch Mehrheitsbeschluß beeinträchtigt werden können.

Ein Sonderrecht ist durch den angegriffenen Beschluß nicht verletzt. Die Klägerin meint, beim Schweigen des ursprünglichen Gesellschaftsvertrags über das Teilnehmerrecht der Gesellschafter an den Gesellschafterversammlungen sei stillschweigend die gesetzliche Regel zum Gesellschaftswillen erhoben worden, daß jedes Mitglied persönlich an den Versammlungen sich beteiligen und abstimmen, auch einen beliebigen Bevollmächtigten mit seiner Vertretung beauftragen dürfe. Es sei also Gesellschaftswille gewesen, daß dieses Teilnahmerecht ein Ausfluß des Mitgliedschaftsrechts und damit ein durch Mehrheitsbeschluß unanfechtbares Sonderrecht auf persönliche Teilnahme an den Mitgliederversammlungen sein sollte. Dieser Einwurf scheitert daran, daß das Gesetz es nicht verbieten wollte, im ursprünglichen Gesellschaftsvertrage eine der hier nachträglich getroffenen Vorschrift inhaltlich gleiche Vorschrift zu geben, und daß, nachdem das Gesetz eine Abänderung des Gesellschaftsvertrags durch Mehrheitsbeschluß gestattet hat, gerade beim Schweigen des ursprünglichen Gesellschaftsvertrags die gesetzliche Regel der Abänderlichkeit des Gesellschaftsvertrags nach § 53 des Gesetzes Platz greift. Sollte diese gesetzliche Regel nicht durchgreifen, so hätte im ursprünglichen Gesellschaftsvertrag irgendwie zum Ausdruck gebracht werden müssen, daß und inwieweit der Gesellschaftsvertrag unabänderliches Recht enthalte. Von irgendwelcher Unabänderlichkeit findet sich in dem Gesellschaftsvertrage, dessen Inhalt Gegenstand der Verhandlung in den Vorinstanzen war, keinerlei Andeutung. Ebensowenig wurde in den Vorinstanzen eine Behauptung dieser Art aufgestellt. Deshalb konnte der Berufungsrichter auch nicht, wie die Klägerin grundlos rügt, eine Frage stellen, ob eine Unabänderlichkeit behauptet werden solle.

Der angefochtene Beschluß trifft alle Gesellschafter gleichmäßig. Denn jeder Gesellschafter, der mit der Gesellschaft in Wettbewerb tritt, muß sich die vorgeschriebene Zwangsvertretung gefallen lassen. Die Klägerin wendet ein, gerade durch die Anordnung dieser Zwangsvertretung sei ein Unterschied in der Behandlung der Mitglieder geschaffen worden. Denn die Klasse der Konkurrenten werde durch die nur dieser Klasse aufgedrängte Vertretung zu einer minderberechtigten gemacht. Diese Auffassung wird der Sachlage nicht gerecht. Der Beschluß stellt den für alle Gesellschafter maßgebenden Grundsatz auf, daß Konkurrenten in der Mitgliederversammlung keinen Platz haben. Nur wer nach seinem freien Willen der Gesellschaft Konkurrenz macht, wird auf die Dauer der Konkurrenz an der Ausübung seiner Rechte in der angegebenen Weise beschränkt.

Wenn nun auch an sich der Mehrheit das Recht auf Abänderung des ursprünglichen Gesellschaftsvertrags zuzuerkennen ist, so darf die Ausübung dieses Rechts doch nicht zu einer Vergewaltigung der Minderheit mißbraucht werden, ganz abgesehen von der in § 53 Abs. 3 GmbHG. gezogenen Grenze, daß eine Vermehrung der den Gesellschaftern nach dem Gesellschaftsvertrag obliegenden Leistungen nur mit Zustimmung sämtlicher beteiligter Gesellschafter beschlossen werden kann. Ein solcher Mißbrauch ist aber nur gegeben, wenn der Beschluß in einer den Tatbestand der §§ 138 Abs. 1, 826 BGB. erfüllenden Weise gegen die guten Sitten verstößt. Insofern ist der Mehrheitswille beschränkt. So ist auch die Entsch. des RG.'s in Zivils. Bd. 68 S. 246 zu verstehen. Von einem Verstoße gegen die guten Sitten kann hier nicht die Rede sein. Die in dem angegriffenen Beschlusse getroffene Maßregel zwangsweiser Vertretung liegt im berechtigten Interesse der Beklagten. Sie will es verhindern, daß ein Gesellschafter, der mit ihr im Wettbewerb steht, seine Gesellschafterpflichten im eigenen Sonderinteresse und zum Nachteile seiner Gesellschaft vergesse, Geschäftsgeheimnisse der Beklagten, die er in der Gesellschafterversammlung ermitteln kann, gegen sie benutze, seine Stimme gegen ihr Interesse abgebe usw. Die beschlossene Maßregel steht im Einklange mit den Pflichten der Gesellschafter, die bei Verfolgung des eigenen Vorteils auf die Gesellschaftszwecke als Gesellschafter Rücksicht zu nehmen haben. Die beschlossene Maßregel greift in die Freiheit und die Rechte der einzelnen Gesellschafter nicht weiter ein, als es die Lage der Umstände geboten erscheinen läßt. Den Gesellschaftern wird nicht der Wettbewerb verboten. Sie werden nur genötigt, wenn sie den Wettbewerb aufnehmen, ihre Rechte der Teilnahme an Mitgliederversammlungen durch Vertreter und zwar durch solche Vertreter wahrnehmen zu lassen, von denen eine Schädigung der Gesellschaft nicht zu besorgen ist. Ein Mißbrauch des Grundsatzes der Majorisierung liegt daher nicht vor. Der Berufungsrichter hat alle Umstände, die in Betracht kommen können, erwogen. Der Vorwurf der Klägerin, daß der Berufungsrichter den § 286 ZPO. durch unvollständige Würdigung der Tatsachen verletzt habe, ist nicht gerechtfertigt."

---

86. Unter welchen Voraussetzungen können Ausbuchtungen öffentlicher Flüsse Bestandteile von Alluvionen werden? Ist dabei die Befischbarkeit von Bedeutung?

Preuß. Allgem. Landrecht Tl. II Tit. 15 § 56, Tl. I Tit. 9 §§ 225, 248.

VII. Zivilsenat. Urt. v. 12. November 1912 i. S. R. A. Deichverband (Kl.) w. Fürstenberger Fischerinnung (Bekl.). Rep. VII. 279/12.

I. Landgericht Guben.
II. Kammergericht Berlin.

Zwischen dem rechten Oderdeiche und dem Oderstrome befindet sich bei F. Vorland. Auf diesem Vorlande haben sich Wasserstücke gebildet, von denen einzelne weder bei niedrigem, noch bei mittlerem Wasserstande, andere nur bei mittlerem, andere auch bei niedrigem Wasserstande mit der Oder in Verbindung stehen. Der Kläger behauptet, Eigentümer eines Teiles des Vorlandes und der darauf befindlichen Wasserstücke zu sein. Die Beklagte, der unstreitig ein Fischereirecht im Oderstrome zusteht, beansprucht die Fischerei auch in jenen Wasserstücken. Der Kläger stellte in erster Instanz den Antrag, die Beklagte zu verurteilen, anzuerkennen, daß sie und ihre Mitglieder, abgesehen von der Zeit des Hochwassers, nicht berechtigt seien, auf jenen Lachen, Kolken und Tümpeln die Fischerei auszuüben. Das Landgericht hielt einerseits das Eigentum des Klägers, anderseits das Fischereirecht der Beklagten für erwiesen und erkannte auf Abweisung. Das Berufungsgericht beschränkte die Verhandlung auf die Aktivlegitimation des Klägers und wies dessen Berufung zurück. Auf Revision des Klägers wurde das Berufungsurteil aufgehoben.

Gründe:

„Die Klage bezweckt Feststellung des Nichtbestehens des von der Beklagten beanspruchten Fischereirechts. Zu dieser Klage ist der Deichverband nur legitimiert, wenn er nachweist, daß die Wasserstücke, um deren Befischung es sich handelt, ihm gehören. Der Berufungsrichter hält den Beweis für nicht erbracht. Der Kläger hatte in dieser Beziehung angeführt, am 29. September 1881 habe zwischen ihm und dem Fiskus eine Auseinandersetzung (Eigentumsabgrenzung) wegen des Vorlandes stattgefunden. Die Beklagte hatte bestritten, daß der Kläger auf Grund dieser Verhandlung Eigentum erworben habe, und ihrerseits behauptet, daß die fraglichen Wasserstücke nach wie vor Bestandteile des Oderstroms bildeten.

Der Berufungsrichter nimmt zwar an, daß die Verhandlung vom 29. September 1881 die Auseinandersetzung des Klägers und des Fiskus wegen der Verlandungen bezweckt habe; er meint aber, daß sich der Kläger auf diese Verhandlung um deswillen nicht berufen könne, weil es sich bei den Wasserstücken nicht um Verlandungen handle. Flächen, die bei mittlerem und sogar bei niederem Wasserstande noch befischt werden könnten, seien noch nicht zu Verlandungen geworden, müßten vielmehr als noch zum öffentlichen Oderstrome gehörig angesehen werden.

Diese Auffassung wird von der Revision mit Grund beanstandet. Bezüglich der Alluvionen gilt bei öffentlichen Flüssen dasselbe, wie bei Privatflüssen (§ 56 ALR. II. 15). Nach § 225 ALR. I. 9 sind Alluvionen Verbreitungen des Ufers, die sich durch das allmähliche Anspülen fremder Erdteile bilden. Eine solche Verbreitung ist dann als vollendet anzusehen, wenn sich die angespülten Erdteile nicht nur bei niedrigem, sondern auch bei mittlerem Wasserstande über den Wasserspiegel erheben (vgl. § 248 ALR. I. 9; Entsch. des RG.'s in Zivils. Bd. 2 S. 320). Der Begriff der Alluvion setzt nicht voraus, daß der Uferzuwachs durchweg aus festem Boden besteht; vielmehr können auch Lachen, Kolke und Tümpel Bestandteile von Alluvionen sein. Wesentlich ist nur, daß das Land, durch welches solche Wasserstücke vom Flusse getrennt werden, bei mittlerem Wasserstande von diesem nicht überströmt wird. Ob die Wasserstücke erst nach der Alluvion entstanden sind, oder ob sie schon vorher als Bestandteile des Flusses vorhanden waren, ist ohne Bedeutung. Mit dem Augenblicke, wo die Verbindung aufhört, verlieren sie die Eigenschaft als Bestandteile des Flusses und werden Bestandteile der Alluvion. Dieser Erfolg tritt auch dann ein, wenn sich in den Wasserstücken Fische befinden. Für die Annahme des Berufungsrichters, daß Wasserstücke, die noch befischt werden können, nicht die Eigenschaft von Verlandungen erlangen könnten, fehlt es an jedem Anhalte. Die fortdauernde Befischbarkeit würde der Annahme einer Alluvion auch dann nicht entgegenstehen, wenn die Fische nur aus der Oder in die Wasserstücke gelangt wären." ...

---

87. Klage auf einen Teilbetrag. Muß sich der aufrechnende Beklagte auf den nicht eingeklagten Teil verweisen lassen?

III. Zivilsenat. Urt. v. 26. September 1911[1] i. S. H. u. T.-Akt.-Ges. (Kl.) w. P. (Bekl.). Rep. III. 518/10.

I. Landgericht Posen.
II. Oberlandesgericht daselbst.

---

[1] Nachträglich abgedruckt.

Die Frage ist verneint worden aus folgenden

Gründen:

„Der Berufungsrichter stellt fest, daß die Klägerin aus dem Bauvertrage vom 3. Juli 1904 von der Witwe P., der ursprünglichen Beklagten und Erblasserin der nunmehrigen Beklagten, noch 18643,38 *M* zu fordern hat. Davon hat die Klägerin den Teilbetrag von 9000 *M* eingeklagt. Die Beklagte hat als Gegenforderung einen die gesamte Restforderung der Klägerin übersteigenden Schadensersatzanspruch geltend gemacht; sie verlangte, daß die Klage abgewiesen werde, und widerklagend die Feststellung, daß der Klägerin ein Anspruch aus dem Bauvertrage überhaupt nicht mehr zustehe. Der Berufungsrichter bemißt die Schadensersatzforderung der Beklagten auf 10667 *M* und weist darum Klage und Widerklage ab. Die Revision bekämpft als rechtsirrig, daß der Berufungsrichter gemäß der Entscheidung des RG.'s in Zivils. Bd. 66 S. 266 die Verweisung der Schadensersatzgegenforderung auf den nicht eingeklagten Teil der klägerischen Restforderung nicht zuläßt. Dieser Angriff ist abzulehnen, ohne daß es eines Eingehens auf das gedachte Reichsgerichtsurteil und einer Prüfung der von der Revision dagegen erhobenen Einwendungen bedarf.

Die Aufrechnung stellt wie nach früherem so nach jetzigem Rechte eine dem Gläubiger vom Schuldner aufgezwungene Befriedigung dar, behufs welcher der Schuldner seine Gegenforderung aufopfert, nämlich zur Befriedigung des Gläubigers unter gleichzeitiger Selbstbefriedigung verwendet; vgl. Windscheid-Kipp, Bd. 2 S. 433, 434, 435; Mot. z. BGB. Bd. 2 S. 107/108. Dieser Aufopferungs- und Verwendungswille des Aufrechnenden ist also entscheidend; eine anderweite Verwendung der Gegenforderung, als sie der Aufrechnende will, entbehrt jedes rechtlichen Grundes. Die Aufrechnung gegen die Klageforderung will die Gegenforderung zu dem Zwecke und nur zu dem Zwecke aufopfern, um das in der Klage enthaltene Befriedigungsbegehren des Gläubigers zu erfüllen. Die Verweisung der Aufrechnung auf den nicht eingeklagten Teil der Gläubigerforderung widerspricht offensichtlich dem Willen des Aufrechnenden. Eine solche Verweisung ist gerade so unstatthaft, wie eine Verrechnung der auf den Klagebetrag behufs Erfüllung des Klagebegehrens geleisteten Zahlung auf den anderweiten, nicht eingeklagten Teil der Gläubigerforderung unstatthaft ist; vgl. Entsch. des ROberhandelsger. Bd. 15 S. 106/107. Eine Unterscheidung zwischen Zahlung auf die Klage und Aufrechnung gegen die Klage dahin, daß bei Vorhandensein eines nicht eingeklagten Forderungsteils das Klagebegehren zwar durch Zahlung erledigt wird, durch Aufrechnung aber nicht, ist um so mehr abzulehnen, als ohne Klage der Gläubiger gerade umgekehrt zwar Teilzahlungen zurückweisen darf (§ 266 BGB.), eine Teilaufrechnung aber sich gefallen lassen muß (Mot. z. BGB. Bd. 2 S. 108). Diese Rechtslage wird nicht geändert durch die Widerklage der Beklagten. Die Beklagte will aufrechnen zunächst gegen das Klagebegehren, und sodann erst will sie festgestellt wissen, daß auch der nicht eingeklagte Teil der klägerischen Restforderung durch ihre Gegenforderung erledigt sei."

---

88. Mietvertrag im eigenen Namen über ein fremdes Grundstück. Gebundenheit des Eigentümers aus § 986 Abs. 1, aus §§ 182, 183, 184 BGB.?

III. Zivilsenat. Urt. v. 25. September 1912 i. S. R. (Kl.) w. N. (Bekl.). Rep. III. 309/12.

I. Landgericht Hannover.
II. Oberlandesgericht Celle.

Den Sachverhalt ergeben die

Gründe:

„Die Beklagte hat über Laden und Wohnung in dem der Firma R. & L., einer offenen Handelsgesellschaft, gehörigen Hause Bahnhofstraße 5 zu H. mit der Frau R., vertretungsberechtigten Teilhaberin dieser Firma, am 11. März 1910 den schriftlichen Mietvertrag für die Dauer von fünf Jahren vom 1. Oktober 1910 ab geschlossen. Dieser Mietvertrag ist von der Frau R. nur mit ihrem Namen unterzeichnet, der Berufungsrichter stellt jedoch fest, beide Kontrahenten seien darüber einverstanden gewesen, daß Frau R. den Vertrag für sich persönlich abschloß, daß sie also nach beiderseitiger Absicht in eigenem Namen, nicht als Vertreterin der Firma handelte.

Der Kläger hat das Haus Bahnhofstraße 5 durch Vertrag vom 31. Oktober 1911 von der Firma R. & L. gekauft und fordert mit der Klage, ohne daß Auflassung an ihn und Eintragung auf ihn erfolgt ist, Räumung zum 1. April 1912, auf welchen Termin er der Beklagten im Dezember 1911 gekündigt hatte, eventuell Feststellung, daß die Beklagte ihm gegenüber oder doch äußerstenfalls der Eigentümerin gegenüber verpflichtet sei, an diesem Tage zu räumen.

Beide Instanzen haben die Klage abgewiesen. Der Berufungsrichter hat sie auch geprüft von dem eventuellen Vorbringen des Klägers aus, demzufolge Frau R. den Mietvertrag im Namen der Eigentümerin geschlossen habe. Insoweit haben seine Gründe außer Betracht zu bleiben; denn die Feststellung, daß der Vertrag für die Frau R. selbst geschlossen ist, schließt die Unterstellung aus, daß dies nicht der Fall gewesen sei, Frau R. vielmehr für die Firma gehandelt habe. Auf den von der Frau R. für sich selbst geschlossenen Mietvertrag könne sich, führt der Berufungsrichter im übrigen aus, die Beklagte gemäß § 986 Abs. 1 BGB. berufen, soweit die Klage Ansprüche der Firma durchführen wolle. Frau R. habe kraft der ihr eingeräumten, sie zur Vermietung auf eigenen Namen berechtigenden Verwaltungsbefugnis der Firma gegenüber ein Recht jedenfalls zum mittelbaren Besitz; ob dieses Recht der Frau R. entziehbar und eine solche Entziehung gegen die Beklagte als Mieterin und unmittelbare Besitzerin wirksam wäre, bedürfe keiner Erörterung. Dafür, daß das Verhältnis der Frau R. zur Firma sich inzwischen geändert habe, liege kein Anhalt vor; soweit der Kläger aber sein Räumungsverlangen auf eigenes Recht stütze, mangele ein solches, weil er eben bisher noch kein eingetragener Eigentümer sei. Darum könne er weder unmittelbar Räumung fordern noch Feststellung der Räumungspflicht auf den 1. April 1912.

Diese Begründung reicht jedenfalls nicht aus, um den eigentlichen Streit der Parteien völlig zu erledigen; denn dieser dreht sich um die Frage, ob der Mietvertrag für die Firma bis zum 1. Oktober 1915 gültig bleibt. Würde der Frau R. das ihr eingeräumte Verwaltungs- und Besitzrecht durch Beschluß der Gesellschafter entzogen oder würde es von ihr freiwillig aufgegeben, so entfiele sofort für die Zukunft, also für die weiteren rund drei Jahre der Vertragszeit, die Voraussetzung des § 986 Abs. 1 BGB., daß die Frau R.

der Firma gegenüber zum Besitze berechtigt ist. Und eine etwa jetzt erfolgende Eintragung des Klägers als Eigentümers ließe nach der Auffassung des Berufungsrichters ein Räumungsverlangen des Klägers gerechtfertigt erscheinen. Für den noch offenen Rest der Vertragszeit wäre also die Möglichkeit eines erneuten Rechtsstreits auf einer veränderten, von den Gründen des Berufungsrichters nicht mehr getroffenen Sachlage nahe gelegt.

Die zutreffende und ausreichende Entscheidung ergibt sich aber aus einem anderen rechtlichen Gesichtspunkte, den der Prozeßbevollmächtigte der Beklagten richtig angedeutet hat, indem er vortrug: „es schlage doch dem Rechtsgefühl geradezu ins Gesicht, daß die Firma an den Mietvertrag nicht gebunden sein sollte, den die von ihr selbst bestellte Verwaltung geschlossen habe; der Firma stände jedenfalls die exceptio doli generalis entgegen". Eben diesen rechtlichen Gesichtspunkt streift der Berufungsrichter selbst mit der Bemerkung: „Es könnte in Frage kommen, ob nicht der von Frau R. als sog. mittelbarer Stellvertreterin der Eigentümerin befugterweise abgeschlossene Mietvertrag ebenso zu behandeln wäre, wie ein vom Eigentümer selbst eingegangener Mietvertrag."

Zunächst stellt der Berufungsrichter tatsächlich fest, daß der Frau R. von der Eigentümerin, der Firma, die Befugnis zu völlig freier Verwaltung des Hauses, insbesondere auch zu dessen Vermietung auf mehrere Jahre und auf ihren eigenen Namen erteilt war, und daß die Firma den streitigen Mietvertrag sogar gekannt, also als einen fünfjährigen gekannt und nichts dagegen zu erinnern gefunden hat. Diese Feststellung beruht keineswegs auf Verkennung der Beweislast, sondern ist, ohne jede — hier unnötige — Prüfung der Beweislastfrage, einfach aus der ganzen Sachlage gefolgert worden; sie ist offensichtlich auch materiell zutreffend. Hiernach hat die Frau R. den streitigen Mietvertrag auf ihren eigenen Namen abgeschlossen mit sowohl vorgängiger als nachfolgender Zustimmung der Eigentümerin; sie hat also ein obligatorisches Rechtsgeschäft (nicht eine Verfügung im Sinne des § 185 BGB.) über ein fremdes Grundstück mit Einwilligung und Genehmigung des Eigentümers abgeschlossen. Daß der so geschlossene Vertrag für die Eigentümerin, die Firma, wirksam sein muß, wird allerdings vom Rechtsgefühl gefordert, und ist denn auch wirklich Rechtens; andernfalls entbehrten, wenn die

Eigentümer von Zinshäusern die Mietverträge durch ihre Hausverwalter auf deren Namen schließen lassen, die Mieter gegen die Hauseigentümer jedes rechtlichen Schutzes.

Daß jemand für den Machtgeber und gleichzeitig im eigenen Namen zu handeln befugt ist (Prot. der Kommission für die II. Lesung des Entw. des BGB. Bd. 4 S. 137), ist ein im Verkehr häufig vorkommendes Rechtsverhältnis: die Stellung des Kommissionärs (§ 383 HGB.) ist gerade die eines derart vom Kommittenten Ermächtigten. Die Rechtsfolgen aus Geschäften des so mit Zustimmung eines anderen für diesen anderen und doch in eigenem Namen Handelnden bemessen sich nach dem Inhalte der Rechtsgeschäfte und demgemäß nach dem Inhalte der Zustimmung: sie können verschieden sein. Im Normalfalle der sog. mittelbaren Stellvertretung (Mot. zum Entw. des BGB. Bd. 1 S. 223; KommProt. Bd. 1 S. 138; **Leonhard**, Allgemeiner Teil des BGB. S. 302), z. B. bei der Kommission im Sinne der §§ 383, 406 HGB., bleibt es bei der Rechtsfolge, daß Rechte und Pflichten lediglich zwischen dem Kommissionär und dem Dritten, nicht auch zwischen dem Kommittenten und dem Dritten entstehen. Dies hatte Art. 360 Abs. 2 des alten HGB. ausdrücklich ausgesprochen und ist im neuen HGB. nach dessen Motiven nur als selbstverständlich weggelassen. Der Kommittent und der Dritte wollen es eben nicht miteinander zu tun haben, sondern jeder will nur mit dem Kommissionär verkehren (Entsch. des ROberhandelsger. Bd. 22 S. 28 bis 30). Es ist also gleichgültig, wenn etwa der Dritte beim Abschlusse des Ausführungsgeschäfts den Kommittenten kannte und mit Rücksicht auf dessen Person kontrahierte; **Dernburg**, Bürg. Recht Bd. 1 (1902) S. 498/499. Der Kommittent, der ihm gehörige Sachen durch den Kommissionär verkaufen läßt, will diesem Verkaufsgeschäfte gerade fern bleiben und den Erlös der Sachen lediglich gemäß § 384 HGB. als das von dem Kommissionär aus der Geschäftsbesorgung Erlangte von diesem erheben.

Über diesen Normalfall der sog. mittelbaren Vertretung geht das hier vorliegende Rechtsgeschäft hinaus. Der von der Frau R. für sich geschlossene Mietvertrag hat zum Inhalte, daß der Mieter, die Beklagte, ein unmittelbares Mietrecht an den im Eigentum der Firma stehenden und verbleibenden Mieträumen, also ein von der Eigentümerin ohne weiteres zu tragendes und auszuhaltendes

Mietrecht erwerben und haben sollte, und gerade diesem unmittelbaren Erwerbe des Mietrechts durch die Beklagte hat die Eigentümerin, die Firma, vor und nach Abschluß des bis zum Verkaufe des Hauses an den Kläger unbeanstandet vollzogenen Mietvertrags zugestimmt. Diese ihre Einwilligung und Genehmigung bindet die Firma; sie kann den mit ihrer Ermächtigung über ihr Grundstück geschlossenen Mietvertrag nicht nunmehr als einen sie nicht berührenden behandeln. Dazu bedarf es nicht der Heranziehung der exceptio doli generalis, sondern es schlagen unmittelbar die positiven Bestimmungen der §§ 182, 183, 184 BGB. ein. Die Wirksamkeit des der Mieterin ein unmittelbares Mietrecht an den der Firma gehörigen Mieträumen verschaffenden Mietvertrags hing von der Zustimmung der Firma als der Eigentümerin ab, und diese hat ihre keiner Form bedürftige Zustimmung der Frau R. sowohl vor als nach Abschluß des Vertrags erklärt. Dadurch hat der Mietvertrag gegen die Firma materiell dieselbe Rechtswirksamkeit erlangt, wie wenn er von der Firma selbst, z. B. von der Frau R. als vertretungsberechtigten Vertreterin auf den Namen der Firma, abgeschlossen wäre (Windscheid-Kipp, Lehrbuch des Pandektenrechts Bd. 1 § 81 Anm. 5 S. 358/359).

Es braucht nach Lage des Falles nicht untersucht zu werden, ob nicht sogar die Firma selbst Mietvertragspartei geworden ist (Ihering in seinen Jahrbüchern Bd. 1 S. 307, Bd. 2 S. 125 bis 128), oder ob der Vertrag ein zwischen der Frau R. und der Beklagten bestehender bleibt. Auch wenn die letztere Auffassung für die zutreffende erachtet wird (vgl. Entsch. des RG.'s in Zivils. Bd. 10 S. 48/49), bewirkt die Zustimmung, daß die Firma auch der Beklagten gegenüber diesen von ihr gewollten Vertragsinhalt gegen sich gelten lassen muß. Der Vertrag lastet jedenfalls materiell auf ihr; gegen eine auf ihr Eigentum gestützte Räumungsklage der Firma kann die Beklagte einen durchschlagenden Einwand schon entnehmen aus der für die Firma verbindlichen Tatsache der von ihr der Frau R. erteilten Ermächtigung, nicht erst aus dem Besitzrechte der Frau R. Hierin tritt die Tragweite der Zustimmung (§ 182 BGB.) und die nahe Verwandtschaft zwischen Einwilligung und Vollmachterteilung (Mot. zum Entw. des BGB. Bd. 1 S. 246; Hölder, Komm. zum Allgemeinen Teile des Bürgerlichen Gesetzbuchs S. 383; Entsch. des RG.'s in Zivils. Bd. 53 S. 275) in die Erscheinung. Die Einwilligung bewirkt die unmittelbare Gebundenheit der Firma der Beklagten gegenüber. Der auf den Namen der Frau R. geschlossene Mietvertrag ist für die Rechtssphäre der Firma wirksam geworden; denn gerade dem hat sie zugestimmt. (Zu vergleichen ist die unmittelbare Wirkung im Falle des § 185 und Planck, Komm., Erl. 3 zu § 182, Erl. 4 zu § 167, Erl. 5 a. E. zu § 123.) Daß der § 182 gerade auch solche Fälle wie den vorliegenden umfaßt, obwohl diese Sach- und Rechtslage unter den Beispielen der Motive Bd. 1 S. 246 nicht angeführt ist, wird durch den Wortlaut des § 182 außer Zweifel gesetzt. Die diese Wirkung noch besonders aussprechenden §§ 1399 Abs. 2 Satz 1, 1444, 1445, 1446 Abs. 1, 1448 BGB. sind nur Anwendungen des allgemeinen Grundsatzes; vgl. das in den Kommissionsprotokollen Bd. 1 S. 178 behandelte Beispiel eines Schenkungsversprechens über eine fremde Sache.

Nach dem Dargelegten ist es ohne jeden Belang, wenn nunmehr Frau R. ihr Verwaltungs- und Besitzrecht gegenüber der Firma verlieren, oder wenn nunmehr der Kläger als Eigentümer des Hauses in das Grundbuch eingetragen werden sollte. Jener Verlust kann das von der Frau R. auf Grund der ihr damals eingeräumt gewesenen völlig freien Verwaltungsbefugnis, also mit Einwilligung, übrigens auch unter Genehmigung der Firma geschlossene Geschäft als ein für die Firma fortwirkendes nicht mehr berühren. Und die etwaige Eintragung des Klägers vermag nichts zu ändern, denn der Kläger selbst bleibt dann gemäß § 571 BGB. gebunden." ...

---

89. Ist die Schriftform nur dann erfüllt, wenn die Urkunde ergibt, daß die Willenserklärung im Namen eines Vertretenen abgegeben wurde? Entscheidender Gesichtspunkt bei Auslegung der Urkunde.

BGB. §§ 126, 133.

III. Zivilsenat. Urt. v. 25. September 1912 i. S. K. (Bekl.) w. S. (Kl.). Rep. III. 277/12.

I. Landgericht Hannover.
II. Oberlandesgericht Celle.

Aus den Gründen:

„Der Kläger hat über ein Ladenlokal in dem der offenen Handelsgesellschaft R. & L. gehörigen Hause Bahnhofstraße 5 zu H. mit der Witwe A. R. den schriftlichen, von ihm und von der Frau R. mit ihrem Namen unterzeichneten Mietvertrag auf 5 Jahre vom 1. Oktober 1910 bis 1. Oktober 1915 abgeschlossen. Der Beklagte hat das Haus Bahnhofstraße 5 durch Vertrag vom 31. Oktober 1911 von der Firma R. & L. gekauft, und er hat, ohne daß Auflassung an ihn und Eintragung auf ihn erfolgt ist, dem Kläger den Mietvertrag vom 29. Dezember 1911 auf den 1. April 1912 gekündigt. Der Kläger fordert die Feststellung, daß der Beklagte erst zum 1. Oktober 1915 kündigen dürfe, und hat in beiden Instanzen obgesiegt. Die Parteien sind darüber einig, daß der Mietvertrag nach dem Willen der Kontrahenten für die Firma R. & L., also von der Frau R. als deren Teilhaberin und vertretungsberechtigten Vertreterin, abgeschlossen wurde, und daß der Klagantrag begründet ist, falls der so geschlossene und so niedergeschriebene Vertrag für die Firma bis zum 1. Oktober 1915 Gültigkeit hat. Dies bestreitet der Beklagte wie in den Instanzen so mit der Revision, weil die in § 566 BGB. vorgeschriebene schriftliche Form nicht eingehalten, nämlich nicht schriftlich erklärt sei, daß Frau R. als Vertreterin der Firma handelte.

Die Instanzen erachten die Schriftform des § 566 BGB. als gewahrt. Das Landgericht meint: „die Offenbarung des Vertretungsverhältnisses gehört nicht zu der für den Vertrag vorgeschriebenen Schriftform, bedarf daher nicht der Beurkundung"; und entsprechend führt der Berufungsrichter aus: „auch bei Erklärungen, die gesetzlich der Schriftform bedürfen, braucht das Vertretungsverhältnis nicht unbedingt ausdrücklich, also insbesondere auch nicht unbedingt in der Urkunde selber erklärt zu werden, sondern es genügt auch hier, wenn die Umstände ergeben, daß die Erklärung im Namen eines anderen abgegeben wird. Anders liegt es in den Fällen, wo die gerichtliche oder notarielle Beurkundung einer Willenserklärung vorgeschrieben ist; dies beruht aber nicht auf irgendwelchen allgemeinen Rechtsgrundsätzen, die auch da, wo nur Schriftform vorgeschrieben ist, entsprechend anzuwenden sein würden, sondern auf einer ausdrücklichen gesetzlichen Vorschrift (FrGG. § 176, wo ausdrücklich neben der Bezeichnung der bei der Verhandlung mitwirkenden Personen die der „Beteiligten" verlangt wird), wie sie sich in entsprechender Weise bei den Vorschriften darüber, was zur Schriftform gehört (§ 126 BGB.), nicht vorfindet."

Dieser Begründung kann nicht beigetreten werden.

Zuvörderst ist, was die Erfordernisse der gerichtlichen oder notariellen Beurkundung anlangt, das Wort „Beteiligte" in § 176 Abs. 1 FrGG. mißverstanden; dieses Wort bezeichnet, wie die Motive ausdrücklich festlegen und nirgends in Zweifel gezogen wird, nur denjenigen, dessen Erklärung beurkundet werden soll, und gerade nicht die Partei, in deren Angelegenheiten oder in deren Namen die Erklärung abgegeben wird, und mit dem Ausdruck „die bei der Verhandlung mitwirkenden Personen" sind nicht die Erklärenden, sondern nur die Urkundspersonen der §§ 170, 173 FrGG. gemeint. Der vom Berufungsrichter angenommene Unterschied zwischen der Schriftform einerseits und der Form der gerichtlichen oder notariellen Beurkundung anderseits kann also aus § 176 FrGG. nicht gefolgert werden. Ein solcher Unterschied besteht nicht; vielmehr stehen, wie das Reichsgericht bereits in den Urteilen Entsch. in Zivils. Bd. 59 S. 219 und ebenso Jur. Wochenschr. 1905 S. 336 ausgesprochen hat, beide Formen unter der allgemeinen Vorschrift des § 133 BGB. Beide Formen erfordern allerdings einen Ausdruck des Vertretungsverhältnisses in der Urkunde. Dies folgt ohne weiteres daraus, daß die Beurkundung eines Rechtsgeschäfts alle Teile, zum mindesten alle wesentlichen Teile dieses Rechtsgeschäfts enthalten muß, also jedenfalls die Bezeichnung derer, die materiell das Geschäft schließen, und für die es demgemäß materiell wirksam sein soll. Darüber, wie weit ein schriftlicher Ausdruck noch genügt zur Bezeichnung dessen, was schriftlich erklärt werden muß, weil es ein wesentlicher Teil des der gesetzlichen Schriftform unterliegenden Rechtsgeschäfts ist, wie weit also außerhalb der Urkunde liegende Umstände zur Auslegung und Erläuterung der Urkunde herangezogen werden dürfen, sind die maßgebenden Grundsätze in den Entsch. des RG.'s in Zivils. Bd. 57 S. 260, Bd. 59 S. 219, Bd. 62 S. 382, Bd. 67 S. 214, Bd. 71 S. 116, Bd. 76 S. 306 aufgestellt.

An diesen Grundsätzen ist festzuhalten. Soweit nur § 126 BGB. und nicht eine besondere den Inhalt der Schrift näher vorschreibende Gesetzesbestimmung in Frage steht, entscheidet der Wille der Vertragsparteien. Sie müssen nach Maß und Inhalt ihres beiderseitigen damaligen tatsächlichen Wissens einen bestimmten schriftlichen Ausdruck für eine ihnen genügende Bezeichnung des fraglichen Vertragspunktes erachtet und ihn darum in die Urkunde aufgenommen haben; sie müssen also Schriftlichkeit für den betreffenden Punkt gewollt und diesen ihren Willen durch einen ihnen verständlich und genügend erscheinenden Ausdruck vollzogen haben (vgl. Entsch. des RG.'s in Zivils. Bd. 62 S. 50/51). Weder also genügt es, daß Dritte nach ihrem tatsächlichen Wissen oder auch nach späteren Ermittelungen über die den Parteien bekannt gewesene Sachlage einen bestimmten Ausdruck als eine genügende Bezeichnung erachten könnten und erachten; noch schadet es, daß Dritten nach diesem oder jenem Maße der Kenntnis ein bestimmter Ausdruck als eine ihnen fern liegende, ihnen unzureichende Bezeichnung erscheinen könnte und erscheint.

Die Revision macht geltend: die Schriftform bezwecke, Dritte für alle Zeiten zu sichern; es komme nicht darauf an, was die Vertragsparteien, sondern was andere, insbesondere im vorliegenden Falle die Erwerber im Sinne des § 571 BGB. aus der schriftlichen Urkunde entnehmen könnten. Wie solle sonst nach langen Jahren, wenn etwa über den nicht ausgedrückten Willen der verstorbenen Vertragsparteien niemand mehr etwas wisse, der Inhalt der Urkunde festgestellt werden können.

Diese Rechtsanschauung muß als fehlgehend abgelehnt werden. Die gesetzlicher Vorschrift (§ 126 BGB.) gemäß schriftliche Willenserklärung bleibt eben eine Willenserklärung der Vertragschließenden, bei deren Auslegung der wirkliche Wille der Kontrahenten zu erforschen und nicht an dem buchstäblichen Sinne des Ausdrucks zu haften ist (§ 133 BGB.). Das angebliche Erfordernis der Klarstellung schlechthin durch die Urkunde an sich, durch die Urkunde allein verstößt gegen den anerkannten Satz, daß auch außerhalb der Urkunde liegende Umstände zur Auslegung herangezogen werden dürfen, und ist, insbesondere bei vielfältigem Rechtsinhalt der Urkunde, oft unerfüllbar, insofern das Verständnis einer Urkunde von seiten Dritter, je nach Kenntnis der unterliegenden tatsächlichen Verhältnisse und der verfolgten Zwecke, häufig ein völlig verschiedenes sein kann oder gar sein muß. Die etwa durch Zeitablauf oder

Parteiwechsel gegebene Schwierigkeit des Beweises für den Willen der Vertragsparteien darf nicht dazu führen, diesen gerade auch in der Wahl des Ausdrucks von ihnen verwirklichten Willen auszuscheiden und sich auf die meist vieldeutige Urkunde an sich zu beschränken. Die ohne besondere Gesetzesvorschrift über den Inhalt der Urkunde einfach an die gesetzliche Schriftform gebundenen Verträge sind denn auch nur für die Parteien selbst, deren Rechtsnachfolger und Rechtsfortsetzer bestimmt, also für einen engen, auf dem kausalen Untergrunde des Vertragsverhältnisses verbleibenden Personenkreis. So erstreckt sich die Wirksamkeit mehrjähriger Mietverträge auf die Mietparteien, deren Rechtsnachfolger und auf die Erwerber im Sinne des § 571 BGB., denen nach §§ 444, 445, 515 BGB. die Mietvertragsurkunden von den veräußernden Vermietern auszuliefern sind. Bei Urkunden über derartige Verträge hat die Schriftform nicht den übrigens unerfüllbaren Zweck, jede Schwierigkeit eines Beweises zu beseitigen und die Urkunde als ein für sich stehendes und in sich abgeschlossenes Gebilde von dem Willen der Parteien, aus dem heraus sie entstanden ist, loszulösen, sondern sie hilft nur der Führung des Beweises für den wirklichen damaligen Willen der Parteien: sie soll diese Beweisführung nur erleichtern und sichern, soweit es durch einfache Schriftlichkeit, ohne besondere Gesetzesbestimmung über den Inhalt der Schrift, erreicht werden kann.

Damit stimmt überein und mag als unterstützend herangezogen werden, was die Protokolle der Kommission für die 2. Lesung des Entwurfs des BGB. Bd. 1 S. 92 bemerken: bei den von dem Prinzip des Formzwanges ausgehenden Gesetzgebungen verfolge die allgemein vorgeschriebene schriftliche Form den Zweck, eine objektive Beweisgrundlage für den Willen der Kontrahenten zu schaffen. Zu einem anderen Ergebnis gelange man jedoch, wenn man mit dem Entwurfe von dem Grundsatze der Formfreiheit der Verträge ausgehe: von diesem Standpunkt aus solle die ausnahmsweise vorgeschriebene schriftliche Abfassung eines Vertrags nicht eine objektive Beweisunterlage schaffen, sondern mit Rücksicht auf die besondere Wichtigkeit des abzuschließenden Vertrags in klarer und unzweideutiger Weise zum Ausdruck bringen, daß das Stadium der bloßen Traktate beendet und eine wirkliche Willensübereinstimmung unter den Kontrahenten herbeigeführt sei. Vgl. auch Entsch. des RG.'s in Zivils.

Bd. 57 S. 263, Bd. 67 S. 214; die letzte Entscheidung besagt, daß die Grenzen, innerhalb deren es zulässig ist, die Urkunde wenn auch unter Berücksichtigung anderer Tatumstände, erläuternd auszulegen, nicht zu eng gezogen werden dürfen; und die Grenzlinie ergibt sich eben daraus, daß das Rechtsgeschäft, also jeder wesentliche Teil, schriftlich zu erklären ist, daß aber dieses Rechtsgeschäft und diese Schriftlichkeit von den Parteien geschlossen und vollzogen wird, der Wille der Parteien also auch für die Erfüllung der gewollten Schriftlichkeit, d. h. für die Wahl des Ausdrucks maßgebend bleibt.

Entsprechend den dargelegten Grundsätzen ist in den Entsch. des RG.'s in Zivils. Bd. 62 S. 383 und Bd. 71 S. 116 eine genügende schriftliche Bezeichnung der Person des Gläubigers gefunden worden in der konkreten individuellen Bezeichnung der den Parteien nach allen Beziehungen bekannten Schuld, obwohl Dritte, denen die damaligen Rechtsträger der Schuld unbekannt sind, aus dieser Urkunde an sich die Person des Gläubigers nicht entnehmen können, und obwohl später die Feststellung des damaligen Gläubigers den größten Schwierigkeiten unterliegen kann. Es reichen eben aus die Kenntnis der Parteien und die Tatsache, daß sie eine derartige Bezeichnung der Person des Gläubigers unter sich für eine genügende und für eine schriftlich niedergelegte halten.

Diese Rechtsgrundsätze führen zur Bestätigung des Berufungsurteils. Die Schriftform ist gewahrt, jedoch nicht, weil das Vertreterverhältnis der Frau R. eines Ausdrucks in der Mietvertragsurkunde nicht bedürfte, sondern weil es nach Sinn und Absicht der Parteien in dieser Urkunde ausgedrückt werden sollte und für sie genügend ausgedrückt ist. Die Vertragsurkunde beginnt mit dem Satze: der Vertrag ist verabredet und abgeschlossen zwischen der Frau A. R. als Besitzerin des Hauses Bahnhofstraße 5 und dem Herrn A. S. Die Worte „als Besitzerin des Hauses“ konnten im Sinne der Parteien unmöglich bedeuten, daß Frau R. Alleineigentümerin des Hauses sei, sondern nur, daß sie als Teilhaberin der Firma mitberechtigt war und darüber verfügen konnte. Denn die Parteien wußten unbestritten, daß das Haus der Firma gehörte, und wollten darum, wiederum unbestritten, beiderseits den Vertrag für die Firma und mit der Firma als Eigentümerin schließen. Die Urkunde fährt sodann, wie der Prozeßbevollmächtigte des Klägers zutreffend betont hat, fort: „Frau R. vermietet an Herrn S. das von letzterem schon eine Reihe von Jahren benutzte Ladenlokal auf weitere 5 Jahre.“ Damit ist ausdrücklich Bezug genommen auf das bisherige, schon seit langem bestehende Rechtsverhältnis, nämlich auf das bisherige Mietverhältnis zwischen dem Kläger und der Firma, das den Parteien bekannt und nach der Zeugenaussage des Teilhabers H. durch einen von diesem mit dem Kläger auf den Namen der Firma abgeschlossenen Mietvertrag begründet worden war. Diese Bezugnahme drückte in einer für die Kontrahenten unzweifelhaften und darum völlig genügenden Weise schriftlich aus, daß nunmehr kraft dieses neuen Vertrags das bisherige Mietverhältnis zwischen dem Kläger und der Firma fortgesetzt werde, daß also Frau R., wie sie beide wußten und wollten, nur für die Firma als deren Vertreterin handeln sollte und handelte. Die Parteien wußten, daß die Firma Eigentümerin des Hauses geblieben und Frau R. nicht inzwischen Alleineigentümerin geworden war. Diese Fortdauer des bisherigen Rechtszustandes und die sich hieraus normalerweise ergebende Weitervermietung von seiten der Firma sind in den herausgehobenen Worten der Vertragsurkunde kurz und verständlich niedergelegt.“ ...

---

90. Haftet der Gerichtskalkulator nach § 839 BGB.?

III. Zivilsenat. Urt. v. 8. November 1912 i. S. B. (Bekl.) w. C. (Kl.).
Rep. III. 111/12.

I. Landgericht III Berlin.
II. Kammergericht daselbst.

Die Frage ist bejaht worden aus folgenden

Gründen:

„Die Rechtsauffassung, auf Grund deren der Berufungsrichter die Verantwortlichkeit eines Gerichtskalkulators für die richtige und rechtzeitige Erledigung der ihm amtlich obliegenden Kalkulaturgeschäfte gemäß § 839 BGB., also dessen Haftung insbesondere auch für schuldhafte Verzögerung annimmt, ist zutreffend. Der dagegen gerichtete Revisionsangriff geht fehl. Die für den Vormundschaftsrichter gegebene Sonderbestimmung des § 1848 BGB., die lediglich verdeutlichen soll, daß der Vormundschaftsrichter nur dem Mündel, nicht anderen Dritten haftet, und die darum in den Motiven zum EG. zum BGB. Bd. 5 S. 1191 als „vielleicht entbehrlich" bezeichnet war, kommt für den Kalkulator nicht in Betracht. Der Kalkulator haftet aus § 839 BGB.; denn er hat die speziellen Kalkulaturgeschäfte selbständig zu besorgen, eine Nachprüfung der rechnerischen Kalkulatur durch den Richter ist weder vorgeschrieben noch auch nur möglich. Die abweichende Anschauung bei Planck, BGB. Anm. 2 zu § 1843, muß abgelehnt werden. Das Reichsrecht bürdet dem Richter keineswegs die Kalkulatur auf, und die Landesgesetzgebung hat die Befugnis, von der die preußische Gesetzgebung Gebrauch gemacht hat, dem Richter statt von ihm für den einzelnen Fall zu bestellender Sachverständiger ständige besondere Kalkulaturbeamte zu selbständiger Besorgung der Kalkulatur an die Seite zu setzen. Für die Auslegung des § 839 BGB. können Äußerungen aus den Materialien des preußischen Gesetzes vom 1. August 1909 über die Haftung des Staates und anderer Verbände für Amtspflichtverletzungen von Beamten bei Ausübung der öffentlichen Gewalt keine Bedeutung haben. Übrigens lautet die von der Revision angezogene Äußerung nur dahin, daß im Sinne jenes Gesetzentwurfs die beratende und begutachtende Tätigkeit eines Beamten die Haftung nach § 1 Abs. 1 dem Dritten gegenüber nicht begründe. Die besondere Kalkulaturtätigkeit des Kalkulators ist jedoch keine nur beratende und begutachtende, sondern eine selbständige und endgültige." ...

---

91. Zur Frage der Einwirkung eines Zwangsvergleichs auf eine im Konkurs aufrechenbare Forderung. Ist es von Bedeutung, ob die Aufrechnung vor dem Zwangsvergleich oder vor der Beendigung des Konkurses erklärt wird?

KO. §§ 53, 54, 193.

II. Zivilsenat. Urt. v. 15. November 1912 i. S. S. (Kl.) w. L. (Bekl.). Rep. II. 245/12.

I. Landgericht I Berlin.
II. Kammergericht daselbst.

In einer Urkunde vom 11. Mai 1894 hatte der Beklagte der Kommanditgesellschaft S. & Cie. versprochen, einen Betrag von 25000 *M*, den er für Rechnung der Gesellschaft empfangen habe, am 1. Juli 1895 zurückzuzahlen. Als Rechtsnachfolger der Firma S. & Cie., auf Grund einer Abtretungserklärung vom 11. Januar 1901, erhob der Kläger Klage auf Zahlung von 25000 *M* nebst Zinsen. Der Beklagte machte außer anderen Einwendungen die Aufrechnung mit Wechselforderungen geltend, die ihm gegen die Firma S. & Cie., die Zedentin des Klägers, entstanden seien.

Das Weitere ergibt sich aus den

Gründen:

„Was die geltend gemachte Aufrechnung anbelangt, so kommt in Betracht, daß nach der Feststellung des Berufungsgerichts das Konkursverfahren über das Vermögen der Firma S. & Cie. am 8. Februar 1896 eröffnet und am 2. Dezember 1898 durch Beschluß des Konkursgerichts beendigt worden ist infolge des Zwangsvergleichs vom 6. Juli 1898, wonach die Konkursgläubiger nur 10% ihrer Forderungen erhielten, und zwar 5% am 21. Dezember 1898, 1% om 21. Dezember 1900 und je 2% an dem gleichen Tage der Jahre 1901 und 1902. Der Beklagte will nun gegen die Klageforderung aufrechnen seine Forderungen gegen die Firma S. & Cie. aus 16 in dem Tatbestande des angegriffenen Urteils einzeln aufgeführten, von der genannten Firma akzeptierten, sämtlich im Laufe des Jahres 1894 fällig gewordenen Wechseln.

1. Für die unter Nr. 11 und 12, sowie unter Nr. 15 aufgeführten drei Wechsel über je 5000 *M* nimmt das Berufungsgericht an, daß der Beklagte schon vor der Eröffnung des Konkurses über das Vermögen der Firma S. & Cie. das Gläubigerrecht als Inhaber der Wechsel unbedingt erlangt hatte. Danach standen die Forderungen des Beklagten aus diesen Wechseln schon zur Zeit der Konkurseröffnung der Klageforderung nach dem damals für die Aufrechnung geltenden preußischen Allgemeinen Landrechte (§§ 302 flg. ALR. I. 16) als aufrechenbare gegenüber. Das Berufungsgericht folgert daraus, daß der Beklagte diese Forderungen in voller Höhe aufrechnen kann, ungeschmälert durch den Zwangsvergleich vom 6. Juli 1898, und es

hat demnach die Aufrechnung in betreff der Wechsel unter Nr. 11 und 12 für die im Konkurse festgestellten Beträge von 3524,45 ℳ und 3524,40 ℳ, insgesamt also für 7048,85 ℳ, wegen des Wechsels unter Nr. 15 für den vom Beklagten selbst im Konkursverfahren ermäßigten Betrag von 4294,90 ℳ für gerechtfertigt erklärt.

Hiergegen richtet sich die Revision des Klägers, der die Aufrechnung der hier fraglichen drei Wechselforderungen nicht in ihrer vollen Höhe für zulässig erachtet, sondern nur in Höhe der am 6. Februar 1901 — zur Zeit, als der Beklagte von der Abtretung der eingeklagten Forderung an den Kläger Kenntnis erlangte — fälligen Zwangsvergleichquote von 6%. Die Revision ist der Ansicht, daß dem rechtskräftig bestätigten Zwangsvergleich auch unbeschränkt solche Konkursforderungen unterworfen seien, die der Gläubiger schon zur Zeit der Konkurseröffnung nach bürgerlichem Rechte gegen eine Forderung des Gemeinschuldners aufzurechnen befugt war, für die aber die Aufrechnung bis zum Inkrafttreten des Zwangsvergleichs nicht durch Erklärung des Gläubigers oder des Konkursverwalters vollzogen ist.

Diese Ansicht kann nicht gebilligt werden. Sie steht nicht im Einklange mit dem Wesen der Aufrechnung im Konkurs und mit der Natur des Zwangsvergleichs. Während nach § 3 KO. die Konkursmasse zur gemeinschaftlichen Befriedigung aller Konkursgläubiger dient, bewirkt in Abweichung hiervon die Zulassung der Aufrechnung im Konkurse, daß der Konkursgläubiger, welcher zu einer Aufrechnung befugt ist, damit das Recht hat, soweit seine Aufrechnungsbefugnis reicht, alle übrigen Konkursgläubiger von der Befriedigung aus der zur Konkursmasse gehörigen Forderung des Gemeinschuldners auszuschließen, gegen welche er aufrechnen darf. Er hat das Recht, sich insoweit aus der zur Konkursmasse gehörigen Forderung wegen seiner eigenen Forderung zu befriedigen, wie der absonderungsberechtigte Pfandgläubiger, der zugleich Konkursgläubiger ist, aus der zur Konkursmasse gehörigen Pfandsache. Die Ausübung dieses Rechtes erfolgt außerhalb des Konkursverfahrens, dessen Aufgabe es ist, die gleichmäßige Befriedigung aller Konkursgläubiger herbeizuführen. Die Befugnis zur Aufrechnung und die Ausübung dieser Befugnis sind der Einwirkung des Konkursverfahrens entzogen.

Einen Teil des Konkursverfahrens bildet aber der Zwangsvergleich. Er dient wie das Schuldenfeststellungsverfahren dazu, die allgemeine Befriedigungsquote für die Konkursgläubiger festzustellen (Mot. S. 390). Sowenig die übrigen Konkursgläubiger bei der Schuldenfeststellung, die unter ihrer Mitwirkung erfolgt, in der Lage sind, irgend welchen Einfluß auf die Feststellung der Höhe einer Forderung auszuüben, soweit deren Aufrechnung gegen eine Forderung des Gemeinschuldners in Frage kommt, ebensowenig kann ein Zwangsvergleich, der wesentlich auf der Mitwirkung der übrigen Konkursgläubiger beruht, für die Höhe einer solchen Forderung im Bereiche der Aufrechnung bestimmend sein.

Voraussetzung für diese Einflußlosigkeit des Zwangsvergleichs ist nicht, daß die Aufrechnungsbefugnis durch Erklärung des Aufrechnungswillens vor der Beendigung des Konkurses oder vor dem Zustandekommen des Zwangsvergleichs ausgeübt wird. Weder die Konkursordnung noch das bürgerliche Recht, sei es das preußische Allgemeine Landrecht, sei es das Bürgerliche Gesetzbuch, setzen der Ausübung des Aufrechnungsrechts eine zeitliche Schranke. Diese Ausübung ist zulässig, solange die Aufrechenbarkeit besteht. Ist die Ausübung der Aufrechnungsbefugnis vor dem Zustandekommen des Zwangsvergleichs erfolgt, so kann er keinen Einfluß mehr auf die Forderung im Umfange des aufgerechneten Betrags ausüben, weil insoweit die Forderung erloschen ist. Ist hingegen die Ausübung noch nicht erfolgt, so wird die aufrechenbare Forderung zwar von dem Zwangsvergleiche betroffen, aber unbeschadet der mit ihr zur Zeit des Zustandekommens des Zwangsvergleichs verbundenen Aufrechnungsbefugnis.

Es besteht kein Grund, eine Forderung, die diese ihren Wert erhöhende, auch im Konkurs anerkannte Befugnis bis dahin in sich schloß, seit dem Augenblicke des Zustandekommens des Zwangsvergleichs ebenso zu behandeln, wie jede andere dieses erweiterten Befriedigungsrechts entbehrende Konkursforderung. Dies wäre eine Verletzung des Grundsatzes, daß der Vergleich allen nicht bevorrechtigten Konkursgläubigern gleiche Rechte gewähren muß. Denn der Konkursgläubiger, der seine Forderung gegen eine solche des Gemeinschuldners aufrechnen kann, hat ein größeres Recht, als derjenige, dem diese Befugnis fehlt. Ersterer hat im Konkurse nicht nur wie letzterer ein Recht auf gemeinschaftliche anteilmäßige, bei der regelmäßigen Unzulänglichkeit der

Konkursmasse zur Deckung des Forderungsbetrags nicht ausreichende Befriedigung. Er hat vielmehr auch das Recht, einen einzelnen zur Konkursmasse gehörigen Gegenstand, die Forderung des Gemeinschuldners, herauszugreifen und sich unter Ausschluß aller anderen Konkursgläubiger aus diesem vollständig zu befriedigen. Seine Forderung gibt ihm daher im Konkurse regelmäßig Anspruch auf einen größeren Geldbetrag aus der Konkursmasse, als ihn ein anderer Konkursgläubiger auf seine Forderung von gleichem Nennbetrage zu beanspruchen hat. Ihn trotzdem dem anderen Gläubiger wegen des ihm zukommenden Betrags völlig gleichzustellen, ihm nur die Zwangsvergleichsquote für den Nennbetrag seiner Forderung zu gewähren und das Recht, welches ihm eine Befriedigung in größerem Maße sicherte, untergehen zu lassen, wäre eine Verletzung des in § 181 KO. aufgestellten obersten Grundsatzes für den Zwangsvergleich. Diesem Grundsatze kann nur genügt werden, wenn die Herabminderung durch Zwangsvergleich die Forderung des aufrechnungsberechtigten Konkursgläubigers insoweit nicht trifft, als er die für ihn bereits zur Zeit des Zustandekommens des Zwangsvergleichs begründete Befugnis, sei es vor oder nach Beendigung des Konkurses, ausübt.

Diese Immunität gegenüber dem Zwangsvergleiche fällt weg, wenn gegen Forderungen des Gemeinschuldners aufgerechnet werden soll, die erst nach dem Zwangsvergleiche entstanden sind, oder die etwa während des Konkurses Masseforderung waren (§ 55 Nr. 1 KO.), weil hier die beiderseitigen Forderungen als aufrechenbare sich erst gegenüber getreten sind, nachdem bereits die Gegenforderung infolge des Zwangsvergleichs herabgemindert war.

Es ergibt sich daher auch ohne besondere gesetzliche Bestimmung aus dem Wesen der Aufrechnung und des Zwangsvergleichs, daß der Konkursgläubiger, der bereits zur Zeit der Konkurseröffnung nach bürgerlichem Rechte zur Aufrechnung befugt ist, in dieser Befugnis durch einen Zwangsvergleich nicht beeinträchtigt wird, daß er vielmehr seine Befugnis noch nach dem Zustandekommen des Zwangsvergleichs ausüben kann, und zwar ohne Beschränkung auf die Zwangsvergleichsquote. Nach den vorausgeschickten Erörterungen ist auch aus dem § 53 KO. zu entnehmen, daß ein Konkursgläubiger, soweit er zu einer Aufrechnung befugt ist, von allen Nachteilen, die das Konkursverfahren für andere Konkursgläubiger herbeiführt, frei bleiben, daß er für den Bereich der bereits zur Zeit der Konkurseröffnung begründeten Aufrechnungsbefugnis nicht als Konkursgläubiger gelten soll (vgl. Seuffert, Konkursprozeßrecht 1899 § 57 S. 436 flg.). Die entgegengesetzte Ansicht (Wilmowski-Kurlbaum, Konkursordnung 6. Aufl. Nr. 2 zu § 53), wonach sich der Inhalt des § 53 in der Bestimmung erschöpfen soll, daß der zur Aufrechnung befugte Gläubiger nur nicht an die Form der Anmeldung gebunden ist, um seine Forderung geltend zu machen, ist nicht zu billigen. Denn die Ausübung der Aufrechnungsbefugnis findet im Konkursverfahren begrifflich und gesetzlich überhaupt keinen Raum, und die Stellung des § 53 im ersten Buche der Konkursordnung beweist, daß er materielles Konkursrecht schaffen soll, wie es die Bestimmung der Immunität der aufrechenbaren Forderung gegenüber allen Gefahren des Konkursverfahrens ist.

Aus dieser Bedeutung des § 53 wird zutreffend hergeleitet, daß er als Sondervorschrift gegenüber der allgemeinen Bestimmung in § 193 Satz 1 KO. für die im Konkurs aufrechenbare Forderung eine Ausnahme macht, und es kann nach der Entstehungsgeschichte des Satzes 2 des § 193 die Unzulässigkeit eines Gegenschlusses aus dieser Bestimmung nicht zweifelhaft sein (s. Jaeger, Kommentar zur Konkursordnung, 3. und 4. Aufl. Nr. 29 und 30 zu § 53). Bereits die Rechtsprechung des Obertribunals hatte den dem § 53 KO. entsprechenden § 95 der Preußischen Konkursordnung vom 8. Mai 1855 dahin ausgelegt, daß er dem Kompensationsberechtigten für dieses Recht die volle Gewähr geben, ihn vor den Eventualitäten des Konkursverfahrens sichern solle, und hatte hieraus den Satz hergeleitet, daß den Wirkungen eines Akkords nicht zum Nachteile des Kompensationsberechtigten die Tragweite einer endgültigen Tilgung des Ausfalls durch Vergleich zugesprochen werden könne (Strieth. Arch. Bd. 83 S. 287 flg.).

Demnach ist die Revision des Klägers zurückzuweisen.

2. Für die unter 2, 6 bis 10, 13, 14, 16 aufgeführten Wechsel steht fest, daß der Beklagte zur Zeit der Konkurseröffnung Inhaber dieser Wechsel nicht war, daß er aber bereits vor der Konkurseröffnung diese Wechsel erworben und weiter indossiert hatte. Nach Eröffnung des Konkurses hat er die Wechsel von seinen Nachmännern eingelöst, und zwar ist die Einlösung aller hier fraglichen Wechsel außer dem

unter 14 nach den Feststellungen des Berufungsgerichts vor dem 6. Juli 1898, dem Tage des Abschlusses des Zwangsvergleichs, erfolgt. Hinsichtlich des Wechsels 14 ist eine genauere Feststellung nicht erfolgt. Dieser ist aber nach der Annahme des Berufungsgerichts jedenfalls vor dem 6. Februar 1901, an welchem Tage der Beklagte von der Abtretung der eingeklagten Forderung Kenntnis erhielt, eingelöst worden.

Seit ihrer Einlösung nun war der Beklagte wieder im Besitze der Wechsel und in der Lage, seine bereits vor der Konkurseröffnung entstandenen wechselrechtlichen Ansprüche gegen den Akzeptanten, die Firma S. & Cie., auszuüben. Durch die Weiterbegebung hatte der Beklagte nicht aufgehört, wechselberechtigt zu sein. Es fehlte ihm nur die Möglichkeit, das ihm verbliebene Recht geltend zu machen, bis er durch Einlösung die Wechsel zurückerlangt hatte (Entsch. des ROHG.'s Bd. 24 S. 1 flg.; Entsch. des RG.'s in Zivils. Bd. 77 S. 187 flg.). Die hier fraglichen Wechselforderungen waren daher einerseits zur Zeit der Konkurseröffnung zur Aufrechnung nach bürgerlichem Rechte nicht geeignet, anderseits aber auch nicht vom Beklagten erst nach der Konkurseröffnung erworben (§ 55 Nr. 2 KO.). Sie standen vielmehr dem Bekagten bereits zur Zeit der Konkurseröffnung zu, nur ihre Geltendmachung war aufschiebend bedingt durch die Einlösung der Wechsel.

Durch diese Bedingung wurde aber die Aufrechenbarkeit, deren Voraussetzungen nach bürgerlichem Rechte im übrigen vorlagen, gemäß § 54 KO. infolge der Konkurseröffnung nicht mehr ausgeschlossen. Galten danach die hier fraglichen Wechselforderungen für den Konkurs als aufrechenbar, so konnte die so für den Beklagten begründete Aufrechnungsbefugnis zufolge des bereits dargelegten Wesens der Aufrechnung im Konkurse und des Zwangsvergleichs sowie gemäß § 53 KO. durch einen während des Schwebens der Bedingung, also während bestehender Aufrechenbarkeit, zustande gekommenen Zwangsvergleich ebensowenig beeinträchtigt werden, wie eine schon zur Zeit der Konkurseröffnung nach bürgerlichem Rechte bestehende Aufrechnungsbefugnis.

Das Berufungsgericht nimmt indes an, der Beklagte könne, weil er während des Konkursverfahrens von der nach § 54 KO. zulässigen Aufrechnung keinen Gebrauch gemacht habe, sich nunmehr nach

Beendigung des Konkursverfahrens nicht mehr auf diese Aufrechenbarkeit berufen, es seien mithin seine hier fraglichen Wechselforderungen, weil von dem Zwangsvergleiche mitbetroffen, nur noch in Höhe der Vergleichsquote zur Aufrechnung verwendbar. Mit Recht bekämpft die Revision des Beklagten diese, auch von Wilmowski-Kurlbaum, Konkursordnung 6. Aufl. Nr. 4a zu § 54 S. 246 vertretene, Ausführung des Berufungsgerichts. Ihr liegt die Annahme zugrunde, die in § 54 KO. der aufschiebend bedingten Forderung gegebene Aufrechenbarkeit erschöpfe sich darin, dem Gläubiger für den Fall des Eintritts der Bedingung die Durchführung der ihm dann zustehenden Aufrechnungsbefugnis durch Gewährung eines Anspruchs auf Sicherstellung zn ermöglichen. Dieser letztere Anspruch besteht allerdings nur für die Dauer des Konkursverfahrens. Er ist aber erst dann gegeben, wenn der Konkursverwalter Zahlung der Schuld zur Konkursmasse verlangt, und geht lediglich auf Sicherstellung Zug um Zug gegen Zahlung. Würde sich daher die Aufrechnungsbefugnis des Gläubigers einer aufschiebend bedingten Forderung auf den in Abs. 3 § 54 KO. geregelten Anspruch auf Sicherstellung beschränken, so würde die Aufrechnung vollständig versagen, falls es nicht während des Konkurses zur Zahlung an die Konkursmasse käme.

Eine solche Beschränkung ist indes nicht anzunehmen. Denn nach § 54 Abs. 1 KO. ist eine aufschiebend bedingte Forderung, wenn im übrigen die Voraussetzungen der Aufrechenbarkeit nach bürgerlichem Rechte vorliegen, für den Konkurs für aufrechenbar erklärt, d. h. ihr Gläubiger darf sich unter Ausschluß der übrigen Konkursgläubiger aus seiner eigenen Schuld zur Masse vollständig befriedigen. Dieses Recht auf abgesonderte Befriedigung aus einem Gegenstande der Konkursmasse ist jeder nachteiligen Einwirkung des Konkursverfahrens entzogen, also auch der Herabminderung durch einen Zwangsvergleich.

Tritt die Bedingung während des Konkursverfahrens ein, wird also während des Konkurses die Forderung des Konkursschuldners eine unbedingte, so kann er die Aufrechnung selbst erklären. Dies kann er nur kraft § 54 Abs. 1 KO., weil ihm ohne diese Bestimmung zur Zeit der Konkurseröffnung ein Aufrechnungsrecht, auch ein bedingtes, nicht zugestanden hätte. Die Anwendung des Abs. 3 § 54 KO. kann in diesem Falle nicht in Frage kommen, weil der Gläubiger der unbedingt gewordenen Forderung Befriedigung, nicht bloß Sicherstellung verlangen kann. Der in Abs. 3 § 54 KO. geregelte Anspruch auf Sicherheitsleistung kommt nur in Frage, wenn der Konkursverwalter während des Konkurses Zahlung der Schuld des Gläubigers der aufschiebend bedingten Forderung verlangt, bevor die Bedingung eingetreten ist. In diesem Falle muß der Gläubiger zahlen, weil er wegen seiner Gegenforderung Befriedigung noch nicht verlangen kann. Es ist ihm aber zur Sicherung der ihm in § 54 Abs. 1 KO. gewährten Aufrechnungsbefugnis, die erst nach Eintritt der Bedingung voll zur Geltung kommen kann, in Abs. 3 § 54 das Recht gegeben, Sicherstellung für die ihm mit Eintritt der Bedingung entstehende Forderung auf Rückzahlung des Gezahlten zu verlangen. Zahlt der Gläubiger, ohne dieses Verlangen zu stellen — das als eine, nach § 388 Satz 2 BGB. nicht unstatthafte, unbedingte Erklärung, mit der bedingten Forderung aufrechnen zu wollen, bezeichnet werden kann —, so wird durch die Zahlung des Gläubigers seine Schuld endgültig getilgt; eine Aufrechnung gegen sie ist nicht mehr möglich, weshalb auch die nunmehr der Aufrechnungsbefugnis entkleidete Forderung der Herabminderung durch einen Zwangsvergleich unterliegt.

Anders ist die Rechtslage, wenn, wie im gegenwärtigen Falle, der Konkursverwalter während des Konkurses Zahlung nicht verlangt. Erlangt dann nach Beendigung des Konkurses der Gemeinschuldner die Verfügung über seine Forderung zurück, so kann er deren Zahlung verlangen, und der Gläubiger der aufschiebend bedingten Forderung kann mit dieser nicht eher aufrechnen, als bis die Bedingung eingetreten ist. Ist diese aber eingetreten und seine bis dahin bedingte Forderung auch nach bürgerlichem Rechte aufrechenbar geworden, so kann er mit seiner Forderung aufrechnen in ihrem vollen, durch einen vor Aufhebung des Konkurses zustande gekommenen Zwangsvergleich nicht herabgeminderten Betrage. Gegen diese Herabminderung ist er geschützt durch § 54 Abs. 1 KO., wonach seiner bedingten Forderung während der Dauer des Konkurses, also auch zur Zeit des Zustandekommens des Zwangsvergleichs, die Eigenschaft einer aufrechenbaren Forderung zukommt. Er genießt diesen Schutz nicht nur dann, wenn seine Forderung vor dem Abschlusse des Zwangsvergleichs eine unbedingte geworden ist, sondern auch dann, wenn die Bedingung erst nach dem Abschlusse des Zwangsvergleichs oder nach der Aufhebung des Konkurses eingetreten ist, soweit er von der ihm dann nach bürgerlichem Rechte zustehenden Aufrechnungsbefugnis Gebrauch macht (vgl. Seuffert, Konkursprozeßrecht § 57 S. 437; Jaeger, Kommentar zur Konkursordnung 3. und 4. Aufl. Nr. 6, 8, 10 zu § 54 S. 632flg.; Kohler, Leitfaden des Konkursrechts 2. Aufl. § 67 S. 288).

Es ergibt sich, daß die von dem Beklagten — nachdem er die hier fraglichen Wechsel bis auf einen bereits vor Abschluß des Zwangsvergleichs, den einen aber jedenfalls noch vor Kenntnis von der Abtretung der eingeklagten Forderung eingelöst hatte — im Laufe des gegenwärtigen Rechtsstreits abgegebene Aufrechnungserklärung die Aufrechnung der Wechselforderungen in ihrem vollen, nicht durch den Zwangsvergleich herabgeminderten Betrage gegen die eingeklagte Forderung zur Folge hat." ...

---

92. Findet § 177 BGB. Anwendung, wenn jemand nicht als Vertreter im Namen eines anderen, sondern kraft vermeintlichen Amtes im eigenen Namen, aber erkennbar in fremdem Interesse einen Vertrag abgeschlossen hat?

III. Zivilsenat. Urt. v. 15. November 1912 i. S. v. A. (Kl.) w. T. u. Gen. (Bekl.) u. Gr. v. P. u. Gen. (Nebenint.). Rep. III. 188/12.

I. Landgericht Kiel.
II. Oberlandesgericht daselbst.

Der Kläger, seit Februar 1910 Fideikommißbesitzer des 1770 errichteten v. A.-D.schen Familienfideikommisses, hat gegen die beiden Beklagten als die Pächter zweier zu diesem gehöriger Meierhöfe Klagen auf Räumung der Pachtgüter erhoben, weil die Pachtverträge ihm gegenüber unverbindlich seien. Die Verträge wurden, als sein von ihm nicht beerbter Vorgänger Inhaber des Fideikommisses war, im Jahre 1907 von den Fideikommißadministratoren, den drei Nebenintervenienten, auf 18 Jahre abgeschlossen. Die Administration des Familienfideikommisses beruht nicht auf Anordnung des Stifters, sondern auf dem Testament eines Fideikommißbesitzers vom 26. März 1836 und ist für den jeweiligen Fideikommißinhaber nur verbindlich, wenn er sich ihr unterwirft. Das haben die beiden Vorbesitzer des Klägers, aber nicht der Kläger getan. Die Beklagten und die Nebenintervenienten behaupteten, nach dem in Schleswig-Holstein geltenden Fideikommißrechte sei der Fideikommißfolger an die von dem Vorbesitzer oder den Administratoren abgeschlossenen Pachtverträge gebunden, außerdem habe der Kläger nach Antritt des Fideikommisses die mit den Beklagten abgeschlossenen Pachtverträge genehmigt.

Das Landgericht verurteilte die Beklagten nach dem Klagantrage. Das Berufungsgericht wies die Klage ab. Die Revision des Klägers ist zurückgewiesen worden.

Aus den Gründen:

... „Die weitere Streitfrage, ob der Fideikommißfolger nach gemeinem oder schleswig-holsteinischem Fideikommißrecht ohne weiteres an die Pachtverträge gebunden sei, die vor seiner Besitzzeit von einem früheren Fideikommißbesitzer oder den Fideikommißadministratoren abgeschlossen seien, hat der Berufungsrichter nicht entschieden. Er hat die Klagen auf Grund des § 177 BGB. abgewiesen, weil der Bevollmächtigte des Klägers die von den Administratoren als Vertretern des damaligen Fideikommißbesitzers und des Fideikommißfolgers abgeschlossenen Pachtverträge genehmigt habe, und weil die Anfechtung dieser Genehmigung durch den Kläger verspätet und unbegründet sei. Die hiergegen erhobenen Revisionsangriffe sind sämtlich unbegründet.

Die Revision bekämpft in erster Linie die Anwendbarkeit des § 177 auf den gegebenen Fall, weil die Administratoren nach ihrer und der Beklagten Behauptung nicht als Vertreter namens des Fideikommißbesitzers und dessen Nachfolgers, sondern kraft ihrer Stellung als Fideikommißadministratoren, also kraft Amtes oder einer amtsähnlichen Stellung im eigenen Namen, wenn schon in fremdem Interesse, gehandelt hätten. Diese Rüge geht schon deshalb fehl, weil der § 177 nach dem ihm zugrunde liegenden Gedanken und seinem Zwecke, wenn nicht unmittelbar, so doch entsprechend auf diejenigen Fälle Anwendung finden muß, in welchen jemand kraft vermeintlichen Amtes erkennbar in fremdem Interesse, als Verwalter fremden Vermögens einen Vertrag schließt. Diese Fälle unterscheiden sich wesentlich von dem durch § 177 unstreitig nicht betroffenen Falle, daß jemand als sogenannter mittelbarer Stellvertreter im eigenen Namen auf fremde Rechnung einen Vertrag abschließt. Ein mittelbarer Stellvertreter nimmt das Rechtsgeschäft zwar auch im Interesse eines anderen vor, aber in der Weise, daß er die Geschäftsfolgen zunächst selbst übernimmt und erst nachher auf den anderen überträgt; er und sein Vertragsgegner wollen nur miteinander zu tun haben, der andere tritt nicht in Rechtsbeziehungen zu dem Vertragsgegner (Entsch. des RG.'s in Zivils. Bd. 58 S. 273). Testamentsvollstrecker, Konkursverwalter oder sonstige Personen, die auf Grund eines Amtes fremde Vermögen verwalten, handeln dagegen zwar auch nicht als Vertreter im fremden Namen, sondern kraft eigenen Rechtes im eigenen Namen (Entsch. des RG.'s in Zivils. Bd. 29 S. 36, Bd. 35 S. 31, Bd. 52 S. 333, Bd. 55 S. 266, Bd. 56 S. 330, Bd. 59 S. 365, Bd. 61 S. 145, Bd. 76 S. 126), aber durch die kraft ihres Amtes von ihnen abgeschlossenen Verträge werden nicht zwischen ihnen persönlich und dem Vertragsgegner, sondern zwischen diesem und den Inhabern der von ihnen verwalteten Vermögen rechtliche Beziehungen geschaffen; die Handelnden erwerben für ihre Person weder Rechte aus den Verträgen noch werden sie durch diese verpflichtet. Die Wirkung entspricht also, wenn der Handelnde wirklich das Amt bekleidet und innerhalb der Grenzen seiner Amtsbefugnisse handelt, der der unmittelbaren Stellvertretung. Dadurch rechtfertigt sich die entsprechende Anwendung des § 177, wenn der Vertragschließende auf Grund einer vermeintlichen, ihm in Wahrheit nicht zustehenden Amtsstellung gehandelt hat und der Inhaber des Vermögens, für oder gegen den nach dem Willen der Vertragschließenden der Vertrag wirken sollte, diesen genehmigt.

Die Ansicht der Revision, daß zwischen den beiden Fällen zu unterscheiden und in dem hier gegebenen Falle ein neuer Vertragsschluß erforderlich sei, während ein von einem Vertreter ohne Vertretungsmacht im Namen des Vertretenen abgeschlossener Vertrag schon mit der einseitigen Genehmigung die von den Vertragschließenden gewollten Rechtswirkungen für und gegen den Vertretenen schafft, ist mit Rücksicht auf die dargelegte Ähnlichkeit der beiden Fälle unhaltbar; sie ist unvereinbar mit dem Grundgedanken des Gesetzes, das nicht nur im § 177, sondern auch an anderen Stellen (z. B. §§ 182 flg., 185) der einseitigen empfangsbedürftigen Genehmigungserklärung die Kraft beilegt, einem Rechtsgeschäfte Wirkungen gegen den Genehmigenden zu verschaffen. Die Ansicht führt auch zu einem die Sicherheit des Verkehrs gefährdenden, praktisch unannehmbaren Ergebnisse. Da leicht Zweifel darüber bestehen können, ob die Stellung, auf Grund deren der Handelnde einen Vertrag in fremdem Interesse abschließt, ein Amt oder eine Vertreterstellung bildet, erfordert das Verkehrsinteresse die Gleichbehandlung beider Fälle; der Vertragsgegner muß auf die Wirksamkeit der Genehmigung dessen, der aus dem Vertrag unmittelbar berechtigt und verpflichtet werden sollte, vertrauen dürfen, ohne Rücksicht darauf, ob der für ihn Handelnde im eigenen Namen kraft vermeintlichen Amtes oder als angeblicher Vertreter im Namen des Vertretenen den Vertrag geschlossen hat." ...

---

93. Ist der Führerschein des Kraftwagenführers ein amtliches Zeugnis im Sinne der Befreiungsvorschrift des Abs. 3 zu a der Tarifst. 77 des preußischen Stempelsteuergesetzes vom 31. Juli 1895/30. Juni 1909?

VII. Zivilsenat. Urt. v. 15. November 1912 i. S. preuß. Fiskus (Bekl.) w. Bergwerksgesellschaft Hibernia (Kl.). Rep. VII. 302/12.

I. Landgericht Münster.
II. Oberlandesgericht Hamm.

Die Klägerin suchte für einen ihrer Angestellten, den Chauffeur S., die Erteilung eines Führerscheins zur Führung von Kraftfahrzeugen nach und fügte dem Gesuch ein Zeugnis des Kreisarztes über seine körperliche Tauglichkeit bei. Der Beklagte erforderte für dieses Zeugnis eine Stempelabgabe von 3 *M*, die von der Klägerin entrichtet wurde. Auch für den daraufhin erteilten Führerschein zahlte die Klägerin den erforderlichen Stempel mit 3 *M*. Mit der Klage forderte sie den ersteren Betrag von 3 *M* nebst Zinsen zurück. Das Landgericht gab dem Klagantrage statt, und das Oberlandesgericht wies die Berufung des Beklagten zurück. Auch die Revision wurde zurückgewiesen aus folgenden

Gründen:

... „Nach Abs. 1 der Tarifst. 77 (Zeugnisse) des preußischen Stempelsteuergesetzes vom 31. Juli 1895/30. Juni 1909 unterliegen amtliche Zeugnisse in Privatsachen, die innerhalb der Zuständigkeit der ausstellenden Behörde oder des ausstellenden Beamten erteilt sind, einer Abgabe von 3 *M*. Nach Absatz 3 zu a daselbst sind befreit „Zeugnisse, auf Grund deren ein anderes amtliches Zeugnis oder ein Paß (Reise- oder Leichenpaß, Paßkarte) ausgestellt werden soll", das sind die sog. Vorzeugnisse. Von einem solchen Vorzeugnis kann man im Streitfall, also hinsichtlich des dem Chauffeur vom Kreisarzt erteilten Gesundheitszeugnisses, nur reden, wenn auch die amtliche Urkunde, zu deren Erlangung es ausgestellt ist, als ein Zeugnis im Sinne des Abs. 1 der Tarifstelle, der Führerschein also als „Hauptzeugnis" anzusehen ist. Ob das zutrifft, erscheint auf den ersten Blick nicht unzweifelhaft, denn nach § 14 der der Bekanntmachung des Reichskanzlers vom 3. Februar 1910 (RGBl. S. 389, 395) beigefügten Verordnung über den Verkehr mit Kraftfahrzeugen ist der Führerschein die von der höheren Verwaltungsbehörde erteilte amtliche Urkunde, die zum Nachweis der „Erlaubnis", auf öffentlichen Wegen und Plätzen ein Kraftfahrzeug zu führen, erteilt wird. Müßte man den Führerschein hiernach als eine bloße urkundliche Erlaubniserteilung im Sinne der Tarifst. 22 ansehen, so wäre er nicht ein stempelpflichtiges Zeugnis, sondern einem Stempel überhaupt nicht unterworfen, da derartige Erlaubniserteilungen in der Tarifst. 22 nicht aufgeführt sind und da sie insbesondere nicht zu den dort unter m bezeichneten ortspolizeilichen Genehmigungen zum Betriebe von Gewerben gehören, die dem öffentlichen Personen- und Güterverkehr innerhalb der Orte dienen.

Der Führerschein hat aber einen gemischten Charakter. Er stellt nicht nur jene Erlaubniserteilung dar, enthält vielmehr, wie sein Wortlaut ergibt (vgl. das amtliche Muster Nr. 6 RGBl. 1910 S. 411 bis 414), auch ein amtliches Zeugnis, da in ihm bezeugt wird, daß eine bestimmte Person „auf Grund der vor den amtlich anerkannten Sachverständigen ... abgelegten Prüfung ermächtigt ist", einen Kraftwagen oder ein Kraftrad mit Motor zu führen. Dieses Zeugnis ist auch, wie es Abs. 1 der Tarifst. 77 erfordert, ein in Privatsachen erteiltes. Zwar liegt in der Anordnung der Ausstellung von Führerzeugnissen eine allgemeine, im Interesse der öffentlichen Verkehrssicherheit getroffene staatliche Einrichtung vor; das gilt aber nur für die Einrichtung als solche und in ihrer Allgemeinheit. Ihre Anwendung im einzelnen Falle, also die Ausstellung des einzelnen Führerscheins, erfolgt dagegen lediglich im Privatinteresse dessen, der diese Ausstellung nachgesucht hat (Entsch. des RG.'s in Zivils. Bd. 61 S. 117, 123).

Ebenso wie der Führerschein selbst, ist auch die vom zuständigen Kreisarzt erteilte Bescheinigung über die körperliche Tauglichkeit des S. als ein amtliches Zeugnis in Privatsachen anzusehen, das an sich nach Abs. 1 der Tarifstelle stempelpflichtig sein würde, wenn die Befreiungsvorschrift unter a des dritten Absatzes nicht zuträfe. Der Anwendung dieser Vorschrift steht zunächst der letzte Absatz der Tarifstelle nicht entgegen, denn der die Stempelfreiheit begründende Zweck, die Erlangung des Führerzeugnisses, geht hier unstreitig aus der Bescheinigung des Kreisarztes hervor. Die Entscheidung des Rechtsstreits hängt daher nur noch davon ab, ob diese Bescheinigung zu den Zeugnissen gehört, „auf Grund deren ein anderes amtliches Zeugnis", hier der Führerschein, ausgestellt werden soll. Diese Frage ist zu bejahen.

Nach dem klaren Wortlaut und Sinn der Befreiungsvorschrift zu a wird nicht erfordert, daß das Vorzeugnis die alleinige Grundlage der Ausstellung des Hauptzeugnisses sein müsse. Es genügt auch, daß das Vorzeugnis eine der notwendigen Grundlagen bildet, falls mehrere solche nebeneinander erforderlich sind. Immer aber wird man eine unmittelbare Beziehung des Vorzeugnisses zum Hauptzeugnisse derart verlangen müssen, daß die Ausstellung des Vorzeugnisses eine wesentliche Vorbedingung für das Hauptzeugnis ist, ohne deren Erfüllung dieses Zeugnis nicht erteilt werden darf. Das verkennt auch der Beklagte nicht. Er hält aber die Befreiung im Streitfalle für ausgeschlossen, weil dem Führer der Führerschein nicht auf Grund des kreisärztlichen Gesundheitszeugnisses, sondern lediglich auf Grund des Ergebnisses der Prüfung erteilt werde, der sich der Führer vor Sachverständigen zu unterziehen hat. Dieser Auffassung kann nicht beigetreten werden.

Nach Nr. I der „Anweisung über die Prüfung der Führer von Kraftfahrzeugen" (Anlage B zu der oben genannten Verordnung für den Verkehr mit Kraftfahrzeugen, RGBl. 1910 S. 437) sind dem Antrag auf Erteilung eines Führerscheins, der an die zuständige Ortspolizeibehörde zu richten ist, beizufügen: ein Geburtsschein, eine Photographie, ein Zeugnis eines beamteten Arztes darüber, daß der Antragsteller keine körperlichen Mängel hat, die seine Fähigkeit, ein Kraftfahrzeug sicher zu führen, beeinträchtigen können, insbesondere Mängel des Seh- und Hörvermögens, sowie ein Nachweis darüber, daß er den Fahrdienst vorschriftsmäßig erlernt hat. Die Ortspolizeibehörde legt diesen Antrag mit seinen Anlagen nebst einer von ihr auszustellenden Bescheinigung darüber, ob gegen den Antragsteller Tatsachen vorliegen, die ihn als ungeeignet zum Führen eines Kraftfahrzeugs erscheinen lassen (z. B. schwere Eigentumsvergehen, Neigung zum Trunk oder zu Ausschreitungen), der höheren Verwaltungsbehörde vor; nach weiteren Ermittelungen über die Tauglichkeit des Antragstellers zum Führer versagt die höhere Verwaltungsbehörde die Erlaubnis, falls sie den Antragsteller für ungeeignet erachtet, andernfalls übersendet sie den Antrag nebst Anlagen den amtlich anerkannten Sachverständigen zur Vornahme der Prüfung des Antragstellers über seine Befähigung zum Führen eines Kraftfahrzeuges. Die Prüfung ist auf den Nachweis der Befähigung zum Führen von Kraftfahrzeugen zu richten. Die mündliche Prüfung erstreckt sich auf Kenntnis der Teile des Fahrzeugs, Beurteilung seiner Verkehrssicherheit und Kenntnis der maßgebenden behördlichen Vorschriften, die praktische Prüfung im wesentlichen auf eine Probefahrt auf freier Strecke und die Behandlung des Fahrzeugs während der Fahrt. Es ist dabei festzustellen, ob der Prüfling die nötige Ruhe und Geistesgegenwart, einen sicheren Blick und Verständnis für die Bedürfnisse des öffentlichen Verkehrs besitzt (Nr. II bis IV der Anweisung). Ergibt der Bericht der Sachverständigen, daß der Antragsteller die Prüfung bestanden hat, so erteilt die höhere Verwaltungsbehörde den Führerschein, sofern nicht besondere Gründe, die nicht bereits vor Erteilung des Auftrags zur Vornahme der Prüfung gewürdigt worden sind, zur Versagung führen müssen (Nr. VI der Anweisung).

Hieraus ergibt sich, daß der Führerschein erst erteilt werden darf, wenn der Antragsteller durch die Prüfung nachgewiesen hat, daß er die erforderliche geistige Begabung sowie die nötigen Charaktereigenschaften und technischen Kenntnisse und Fertigkeiten besitzt. Es muß aber auch weiter durch das kreisärztliche Zeugnis festgestellt sein, daß beim Prüfling keine wesentlichen körperlichen Mängel vorhanden sind, und durch die Auskunft der Ortspolizeibehörde, daß in sittlicher Beziehung keine Bedenken gegen ihn vorliegen. Alle diese Voraussetzungen müssen zusammentreffen, damit das Führerzeugnis von der Behörde erteilt werden darf. Stellt sich nach der Prüfung heraus, daß versehentlich die Beibringung des ärztlichen Gesundheitsscheins unterblieben ist oder daß nach seinem Inhalte wesentliche körperliche Mängel bei dem Prüfling vorhanden sind oder daß sich hinterher solche Mängel eingestellt haben, so hat die höhere Verwaltungsbehörde gemäß der ihr durch den Abs. 2 der Nr. VI der Anweisung erteilten Ermächtigung die Erteilung des Führerscheins selbstverständlich zu versagen, mag auch der Bericht der Sachverständigen ergeben, daß der Antragsteller die Prüfung bestanden hat. Zwar bietet auch die praktische Prüfung den Sachverständigen Gelegenheit, bis zu einem gewissen Grade zu erkennen, ob der Antragsteller körperliche Mängel hat, insbesondere hinsichtlich des Seh- und Hörvermögens. Das Ergebnis der Prüfung ist aber nach dieser Richtung hin nicht annähernd so zuverlässig und erschöpfend wie das Ergebnis der Prüfung durch einen beamteten Arzt. Es gibt überdies eine große Anzahl körperlicher Mängel, insbesondere Mängel des inneren Körpers, die nach ihrer Natur nicht von den Sachverständigen, sondern nur bei näherer Untersuchung durch einen Arzt festgestellt werden können, die aber dennoch geeignet sind, die Fähigkeit, ein Kraftfahrzeug sicher zu führen, zu beeinträchtigen.

Eine maßgebliche und endgültige Entscheidung über die körperliche Brauchbarkeit des Antragstellers und damit auch über die Erteilung des Führerscheins kann hiernach von der höheren Verwaltungsbehörde nicht schon „auf Grund" des Ergebnisses der Prüfung der Sachverständigen, sondern nur „auf Grund" des ärztlichen Zeugnisses getroffen werden. Dieses Zeugnis ist eine gesetzliche Voraussetzung nicht nur für die Zulassung zur Prüfung, sondern auch für die Erteilung des Führerscheins selbst. Der Zweck der Ausstellung des ärztlichen Zeugnisses ist nicht schon, wie die Revision meint, mit der Zulassung des Antragstellers zur Prüfung erschöpft, mag auch nach dem regelmäßigen Geschäftsgange die höhere Verwaltungsbehörde in den meisten Fällen den Inhalt des ärztlichen Zeugnisses bereits vor der Zulassung zur Prüfung abschließend berücksichtigt haben. Wenn dieses Zeugnis nicht erst nach der Prüfung, sondern schon bei der Meldung zur Prüfung einzureichen ist und sein Inhalt schon vor der Zulassung zur Prüfung der Beurteilung der Verwaltungsbehörde unterliegt, so beruht dies, wie der Berufungsrichter zutreffend hervorhebt, nur auf dem praktischen Gesichtspunkte, daß unnütze Prüfungen von vornherein ungeeigneter Personen zu vermeiden sind. Hierdurch wird aber nichts daran geändert, daß das Vorhandensein des ärztlichen Zeugnisses eine unerläßliche Vorbedingung für die Erteilung des Führerscheins ist. Auch der äußere Umstand, daß nach dem amtlichen Formular für die Führerscheine die Ermächtigung, ein Kraftfahrzeug zu führen, „auf Grund der abgelegten Prüfung“ erteilt ist, kann den unmittelbaren inneren Zusammenhang der beiden Zeugnisse, auf den es allein ankommt, nicht unterbrechen.

Das gefundene Ergebnis wird durch die Entstehungsgeschichte des Stempelsteuergesetzes und den früheren Verwaltungsbrauch nicht beeinträchtigt, sondern bestätigt. Die Befreiungsvorschrift Nr. 1 der Tarifst. 77 ist nachgebildet der noch schärfer gefaßten Vorschrift der Tarifst. „Atteste“ des Stempelsteuergesetzes vom 7. März 1822 und der Stempelsteuer-Verordnungen vom 19. Juli und 7. August 1867, die dahin lauteten: „Zeugnisse, welche, von wem es auch sei, nur allein zu dem Zweck ausgestellt werden, um auf den Grund derselben ein amtliches Attest ausfertigen zu lassen, sind keineswegs stempelpflichtig“. Daß durch die neue Fassung des Stempelsteuergesetzes von 1895 der Sinn und die Tragweite der früheren Vorschrift hätte geändert werden sollen, dafür ist aus der Entstehungsgeschichte des ersteren Gesetzes nichts zu entnehmen. Die Begründung des Entwurfs (S. 61) rechtfertigt nur die in die Tarifst. 77 neu aufgenommene Bestimmung, daß Vorzeugnisse auch befreit sind, wenn auf Grund ihrer „ein Paß (Reise- oder Leichenpaß, Paßkarte)“ ausgestellt werden soll. Die Finanzverwaltung hat bei Anwendung sowohl des früheren als auch des jetzigen Stempelsteuergesetzes bis in die neueste Zeit, und zwar in Übereinstimmung mit anderen zuständigen Ministerien, nie Bedenken getragen, in Fällen, die mit dem jetzigen Streitfalle gleich liegen, die Stempelbefreiung zuzugestehen, also gerade dann, wenn Zeugnisse, insbesondere auch Gesundheitszeugnisse, zum Zwecke der Zulassung zur Prüfung und der Ausstellung des Prüfungszeugnisses der Behörde eingereicht wurden.

Vgl. Reskript des Min. der geistl. Angel. und des Fin.Min. vom 30. Juli 1831, Kamptz Annalen Bd. 15 S. 562, und vom 15. November 1839; Zentralbl. für Abgaben- usw. Verwaltung 1839 S. 403; Zirkular-Verf. vom 29. November 1842 und Fin.Min.-Erlaß vom 17. Februar 1868 (Zentralbl. f. Abg. 1868 S. 145; § 8 der Bekanntm. des Fin.Min. vom 6. Dezember 1844, Min.Blatt 1845 S. 17); Reskript des Min. f. Handel usw. und des Fin.Min. vom 20. Juli 1850, Zentralbl. f. Abg. 1850 S. 133, 134; Reskript des Min. der geistl. Angel. im Einverst. mit dem Fin.Min. vom 20. November 1860, Min.Blatt 1861 S. 4; Fin.Min.-Erlaß vom 5. Juni 1876, Zentralbl. f. Abg. usw. 1876 S. 161; Fin.Min.-Erlaß vom 21. Mai 1886, Zentralbl. f. Abg. 1886, S. 120, 121 nebst Prüfungsordnung vom 6. Februar 1879 und Beschl. des Bundesrats vom 5. Dezember 1879, Zentralbl. f. das Deutsche Reich 1879 S. 41; Fin.Min.-Erlaß vom 20. März 1891, Zentralbl. f. Abg. 1891 S. 81, 82; Fin.Min.-Erlaß vom 11. Oktober 1896; Fin.Min.-Erlaß vom 6. Februar 1897, Zentralbl. f. Abg. 1897 S. 59; Erlaß des Min. f. d. geistl. Angel. im Einverst. m. Fin.Min. vom 14. Juni 1898 zu Nr. 6 (Zentralbl. f. Abg. 1898 S. 319); Fin.Min.-Erlaß vom 20. Mai 1901 und Erlaß des Min. der geistl. Angel. im Einverst. m. Fin.Min. vom 5. November 1903, Min.Bl. f. d. Medizinal-Angel. 1903 S. 399.

Eine grundsätzliche Abweichung von diesem ständigen Verwaltungsbrauch enthalten auch die Fin.Min.-Erl. vom 11. Juli 1902 III 8685 und vom 26. Juli 1905 III 9015 noch nicht, da die dort bezeichneten ärztlichen Zeugnisse dazu dienen sollten, die Zulassung nicht zu einer Prüfung, sondern zu einem Hebammen-Lehrkursus und zu einem Kursus in der Desinfektorenschule in Greifswald zu erlangen. In diesen beiden Fällen besteht zwischen der Ausstellung des Gesundheitszeugnisses und dem etwa später auszustellenden Prüfungszeugnisse kein unmittelbarer Zusammenhang; zwischen beide schiebt sich hier der eine längere Zeit erfordernde Lehrkursus ein, dessen Ergebnisse für den Lehrling derartig unsicher sind, daß sich bei Antritt des Kursus noch gar nicht übersehen läßt, ob es für ihn jemals zu einer Prüfung und zur Ausstellung eines Prüfungszeugnisses kommen wird. In der vorbezeichneten Verfügung vom 26. Juli 1905, die von dem Minister der geistlichen Angelegenheiten und dem Finanzminister gemeinschaftlich erlassen ist, wird sogar ausdrücklich anerkannt, daß Gesundheitszeugnisse, die zum Zweck einer Prüfung beigebracht werden müssen, die unmittelbare Grundlage des Prüfungszeugnisses bilden, also stempelfrei sind. Einen anderen Zweck hatte im jetzigen Streitfalle die Ausstellung des kreisärztlichen Zeugnisses auch nicht. Erst in den Verfügungen des Finanzministers vom 12. November 1910 III 20928 und vom 24. Juni 1911 III 10311 macht sich eine abweichende Auffassung hinsichtlich der zur Erlangung der neu eingeführten Führerscheine einzureichenden amtsärztlichen Zeugnisse dahin geltend, sie seien als stempelfreie Vorzeugnisse deshalb nicht anzusehen, weil die Führerscheine lediglich auf Grund des Berichts der Sachverständigen ausgefertigt würden. Dieser Auffassung kann auf Grund der vorstehenden Erwägungen nicht beigetreten werden. Die Befreiungsvorschrift des Stempelsteuergesetzes vom 31. Juli 1895 ist vom Gesetzgeber nur in demselben Sinne gemeint gewesen, in dem zur Zeit der Beratung und Erlassung dieses Gesetzes die im wesentlichen gleichlautende Vorschrift der früheren Stempelgesetze seit langen Jahren von einem unangefochten gebliebenen Verwaltungsbrauche verstanden worden ist.

Der Berufungsrichter, dessen Urteilsbegründung im wesentlichen mit der vorstehend vertretenen Auffassung übereinstimmt, führt noch aus, die Befreiungsvorschrift sei zur Vermeidung der Doppelbesteuerung notwendig gewesen, die eintreten würde, wenn ein Vorzeugnis steuerpflichtig sein würde, das die Vorbedingung für die Ausstellung eines anderen Zeugnisses wäre. Diese Ausführung, die auch in der amtlichen Begründung S. 61 des Entwurfs zum Stempelsteuergesetze vom 31. Juli 1895 keine Stütze findet, könnte nur dann gebilligt werden, wenn unter der Doppelbesteuerung die zweifache Besteuerung einer Zusammenfassung von mehreren wirtschaftlichen Tatsachen zu verstehen wäre, für die ein gemeinschaftlicher Gesichtspunkt vorhanden ist, aus dem sie nach einer bestimmten Richtung hin ins Auge gefaßt werden können. Von einer Doppelbesteuerung im Sinne des preußischen Stempelrechts, das auf dem Grundsatze der Urkundenbesteuerung beruht, könnte man aber nur reden, wenn dieselbe Urkunde einer doppelten Besteuerung unterworfen wäre, oder doch derselbe Stempel für je zwei inhaltlich gleiche Urkunden erfordert würde. Diese Fälle liegen aber, worauf die Revision mit Recht hinweist, hier nicht vor, da das ärztliche Zeugnis und der Führerschein verschiedenen Inhalt haben. Hierdurch wird aber das Ergebnis der obigen Erwägungen, wonach das ärztliche Zeugnis als ein stempelfreies Vorzeugnis anzusehen ist, nicht berührt. Die Revision mußte deshalb erfolglos bleiben."

---

94. 1. Ist die dem Geschäftsführer einer Gesellschaft m. b. H. erteilte Erlaubnis zum Kleinhandel mit Branntwein als eine der Gesellschaft erteilte Erlaubnis anzusehen?

2. Ist der Erlaubnisstempel zu entrichten, wenn nur die Umschreibung einer früher erteilten Erlaubnis beantragt war?

3. Ist der Erlaubnisstempel ein Urkundenstempel?

4. Ist er nur einmal zu entrichten, wenn die einzelnen Betriebsstätten demselben Unternehmer gehören?

Preuß. Stempelsteuergesetz vom 31. Juli 1895/30. Juni 1909 Tarifst. 22c.

VII. Zivilsenat. Urt. v. 15. November 1912 i. S. preuß. Fiskus (Bekl.) w. W. Gesellsch. m. b. H. (Kl.). Rep. VII. 306/12.

I. Landgericht I Berlin.
II. Kammergericht daselbst.

Die W.-Gesellschaft m. b. H. betreibt in 33 verschiedenen Geschäftsstellen in Ch. den Kleinhandel mit Branntwein. Die Erlaubnis hierzu ist ihr, für jede dieser Geschäftsstellen gesondert, vom Stadtausschuß in Ch. durch Urkunden vom 28. Februar 1911 erteilt worden. In 33 früheren, in den Jahren 1907, 1908, 1909 und 1910 ausgestellten Urkunden hatte der Stadtausschuß die gleiche Betriebserlaubnis für dieselben Betriebsstätten „dem Geschäftsführer" der genannten Gesellschaft „Adolf H." erteilt. Zu 29 der Urkunden vom 28. Februar 1911 sind je 15 ℳ, zu den übrigen 4 je 3 ℳ Stempel erhoben worden. Die hiernach im ganzen gezahlten 447 ℳ fordert die Gesellschaft mit der gegenwärtigen Klage zurück.

Das Landgericht wies die Klage, dem Antrage des Beklagten entsprechend, ab. Die Berufung der Klägerin hatte den Erfolg, daß das Kammergericht den Beklagten zur Zahlung von 432 ℳ an die Klägerin verurteilte; im übrigen wies auch das Kammergericht die Klage ab. Gegen das Berufungsurteil hat der Beklagte Revision eingelegt, der sich die Klägerin angeschlossen hat. Das Reichsgericht hat die landgerichtliche Entscheidung in vollem Umfange wiederhergestellt.

Aus den Gründen:

„Von den 33 Urkunden vom 28. Februar 1911 hat die Steuerbehörde 29 der Stempelabgabe für gewerbspolizeiliche Erlaubniserteilungen (Tarifst. 22c des preußischen Stempelsteuergesetzes vom 31. Juli 1895/30. Juni 1909), die übrigen 4 nur der Stempelabgabe für Ausfertigungen (Tarifst. 10) unterworfen. Für die Anwendung des in Tarifst. 22c verordneten Stempels würde allerdings bei keiner der Urkunden Raum gewesen sein, wenn die Auffassung zuträfe, daß durch sie nicht eine Erlaubniserteilung an die Klägerin, sondern nur die Neubescheinigung einer Erlaubnis, die diese bereits besaß, erfolgt sei. In bezug auf die erwähnten 4 Urkunden hat die Steuerbehörde zugunsten der Klägerin diesen Tatbestand als vorliegend angenommen. Auf sie ist deshalb die Erörterung nicht zu erstrecken. Nur für die anderen 29 Urkunden ist zu prüfen, ob jene schon in den Vorinstanzen von der Klägerin vertretene und jetzt von ihrer Revisionsanschließung festgehaltene Auffassung als richtig anzuerkennen ist. Das muß mit dem Berufungsgerichte verneint werden, weil durch die alten Urkunden, an deren Stelle jene 29 neuen traten, die Erlaubnis nicht der Klägerin, sondern dem Adolf H. erteilt worden war, eine Erlaubnis für die Klägerin selbst also, hinsichtlich der hier in Betracht kommenden 29 Betriebsstätten, bis zum 28. Februar 1911 nicht bestanden hatte.

Im Urteile vom 9. Juli 1912 [oben S. 111] war das Reichsgericht mit einem Falle befaßt, wo durch eine ältere Urkunde die Erlaubnis zum Kleinhandel mit Spirituosen „dem Lagerhalter X“, aber, wie hinzugefügt war, „für den Konsumverein zu G.“ erteilt worden war. Der beteiligte Kreisausschuß hatte danach zwar die Erlaubnis ebenfalls nicht unmittelbar dem Konsumverein erteilt, was damals in Preußen auf Grund einer älteren Entscheidung des Oberverwaltungsgerichts noch als unzulässig galt, hatte aber doch urkundlich zum Ausdruck gebracht, daß die Erlaubnis „für den Konsumverein" bestimmt war. Gleichwohl hätte hieraus nicht die entsprechende Berechtigung des Konsumvereins entnommen werden können, wenn jene ältere Auffassung des Oberverwaltungsgerichts richtig gewesen wäre; denn durch eine unzulässige Erlaubnis hätte der Verein eine wirksame Berechtigung nicht erlangen können. Das Reichsgericht hat aber in dem genannten Urteile, in Übereinstimmung mit der neueren Rechtsprechung des Oberverwaltungsgerichts, die Zulässigkeit der Erlaubnis für juristische Personen bejaht und ist so zu dem Schlusse gelangt, daß die erforderliche Erlaubnis dem Konsumvereine selbst schon durch jene ältere Urkunde zuteil geworden war.

So liegt aber der gegenwärtige Fall nicht; denn hier bringen die älteren Urkunden in keiner Weise zum Ausdruck, daß die Erlaubnis dem Adolf H. nicht für ihn selbst, sondern für die Klägerin erteilt werde. Insbesondere ist dieser Willensausdruck darin, daß Adolf H. in den Urkunden als Geschäftsführer der Klägerin bezeichnet ist, nicht zu finden, und zwar um so weniger, als in den Urkunden noch besonders gesagt ist, daß „diese Erlaubnis . . . nur für die hierin bezeichnete Person . . . gültig" sei. Die Beifügung jener Bezeichnung diente nur der näheren Bestimmung der Person. Ohne Bedeutung für die Entscheidung ist es, daß es nicht ein eigener Gewerbebetrieb des Adolf H., sondern der Gewerbebetrieb der Klägerin war, für den H. von der ihm verliehenen Erlaubnis Gebrauch machen wollte, und daß hierüber auch bei der verleihenden Amtsstelle ein Zweifel kaum bestanden haben wird. Auch dieser, übrigens aus den Urkunden nicht ersichtliche, Umstand kann nichts daran ändern, daß die Klägerin selbst die Erlaubnis für jene 29 Betriebsstätten vor dem 28. Februar 1911 nicht hatte.

Auch der von der Klägerin vorgebrachten Tatsache, daß sie mit ihrem Antrage bei dem Stadtausschusse gar nicht die Erteilung neuer Urkunden, sondern die Umschreibung der alten auf ihren Namen verlangt habe, ist eine Bedeutung für die Entscheidung von den Gerichten beider Instanzen mit Recht abgesprochen worden. Was die Klägerin mit ihrem Antrage jedenfalls erstrebte, war die auf sie selbst lautende Erlaubnis. Wenn sie zu diesem Zwecke die „Umschreibung" der alten Urkunden verlangte, so gab sie damit nur der

Vorstellung Ausdruck, die sie sich von der Gestalt machte, in der ihrem Antrage stattzugeben sein würde. Keineswegs aber ließ sie erkennen, daß sie die Erlaubnis für sie selbst nur in dieser Gestalt und in keiner anderen haben wolle. Hielt die zuständige Behörde die Ausstellung neuer Urkunden für notwendig oder angezeigt, so war das eine von der Klägerin nicht ausgeschlossene Form, in der geschah, was sie begehrt hatte. Die stempelrechtlichen Folgen muß die Klägerin deshalb auf sich nehmen, wie sie ja die neuen Urkunden auch nicht zurückgewiesen, sondern angenommen hat. Es bedarf daher nicht der Erörterung, ob es überhaupt einen Unterschied in der Beurteilung der Stempelpflicht hätte herbeiführen können, wenn die Erteilung der Erlaubnis an die Klägerin selbst nicht mittels einer neuen selbständigen Urkunde, sondern auf der alten Urkunde mittels der beantragten „Umschreibung", oder, wie die Revision es nennt, „Berichtigung" erfolgt wäre.

Erweist sich hiernach die Revisionsanschließung der Klägerin als unbegründet, so ist dagegen der Revision des Beklagten der Erfolg nicht zu versagen.

Das Berufungsgericht nimmt an, der Stempel aus Tarifst. 22c im Betrage von 15 ℳ sei für sämtliche Urkunden vom 28. Februar 1911 nur einmal zu entrichten. Dem Umstande, daß eine Mehrheit von Urkunden erteilt ist, legt es keine Bedeutung bei, weil der Stempel aus jener Tarifstelle überhaupt kein Urkundenstempel sei, sondern eine sich an die Erteilung der Erlaubnis zum Betriebe des genehmigungsbedürftigen Gewerbes knüpfende Steuer darstelle, die in den 33 Urkunden ausgesprochene Erlaubnis aber nicht 33 verschiedene Erlaubniserteilungen, sondern nur *eine* Erlaubnis des einen, die verschiedenen Geschäftsstellen umfassenden Gewerbebetriebs der Klägerin bilde.

In keiner von beiden Richtungen ist die Auffassung des Berufungsgerichts zu billigen. § 1 Abs. 1 StempStG. in der alten Fassung ergab mit klaren Worten („die in dem anliegenden Tarif aufgeführten Urkunden unterliegen den darin bezeichneten Stempelabgaben"), daß grundsätzlich die preußische Stempelsteuer eine Urkundensteuer ist. Allerdings bestanden von dieser Regel schon in dem alten Gesetze gewisse Abweichungen (s. hierzu *Hummel u. Specht*, StempStG. S. 3; *Heinitz*, StempStG., 3. Aufl., S. 920, Anfangsworte der Anm. 1 zu § 1), und das neue Gesetz vom 30. Juni 1909 hat jenen Grundsatz noch mehr durchbrochen, indem § 1 Abs. 1 die Fassung erhalten hat: „Die in dem anliegenden Tarif aufgeführten Urkunden und die in der Tarifst. 48 I erwähnten mündlichen Verträge unterliegen den darin bezeichneten Stempelabgaben." Die Tarifst. 22c gehört aber nicht zu den Abweichungen oder Ausnahmen von der genannten Regel. Solange die Erlaubnis nicht urkundlich erteilt ist, besteht die Stempelpflicht nicht, wie aus der Tarifstelle in Verbindung mit § 1 Abs. 1 klar hervorgeht. Nicht die Erlaubnis als solche, sondern die Erlaubnisurkunde bringt die Stempelpflicht mit sich. Inhaltlich stellt sich die Stempelabgabe aus Tarifst. 22c allerdings als eine sogenannte Gebühr dar, nämlich als die Gebühr für die der Behörde durch die erforderliche Prüfung entstehende Mühewaltung und für die auf Grund der Prüfung verliehene Berechtigung. Hierin findet die Abgabe ihre sachliche und gesetzgeberische Rechtfertigung. Das kann aber an ihrem Charakter als einer an die Urkunde geknüpften Steuer nichts ändern.

Aber auch darin ist dem Berufungsgerichte nicht zuzustimmen, daß nicht 33 verschiedene Erlaubniserteilungen, sondern nur eine Erlaubnis des einen Gewerbebetriebes der Klägerin beurkundet sei. Das Berufungsgericht befindet sich hier allerdings in Übereinstimmung mit der Auffassung, die dem von ihm angeführten Urteile des erkennenden Senats vom 1. November 1899, Entsch. Bd. 45 S. 195, zugrunde liegt. An dieser Auffassung kann aber nicht festgehalten werden. Die ganze Tarifst. 22 hat, wie ihre Anfangsworte ergeben, die gewerbepolizeiliche Erlaubniserteilung im Auge und zum Gegenstande. Die gewerbepolizeiliche Erlaubnis zum Kleinhandel mit Branntwein oder Spiritus (s. Tarifst. 22c und den dort angezogenen § 33 GewO.) bezieht sich aber, wenn der Betrieb an verschiedenen Stellen stattfindet, immer nur auf die Stelle, für die sie erteilt wird. Für jede neue Betriebsstelle bedarf es neuer und selbständiger Erlaubnis nach neuer und selbständiger Prüfung der Voraussetzungen in Ansehung der dafür in Betracht kommenden Verhältnisse, zutreffendenfalls (§ 33 Abs. 3 a. a. O.) auch in Ansehung des Bedürfnisses. Ebenso wie die Versagung der Erlaubnis für eine bestimmte Betriebsstätte eine selbständige und die anderen Betriebsstätten nicht berührende Bedeutung hat, muß das gleiche auch von der Erteilung der Erlaubnis gelten. Wie die Sache stempelrechtlich zu beurteilen wäre, wenn die Erlaubnis für eine Mehrheit von Betriebsstätten in eine Urkunde zusammengefaßt würde, kann dahingestellt bleiben, weil ein solcher Tatbestand nicht zur Entscheidung steht. Wird für jede Betriebsstätte eine besondere Erlaubnisurkunde erteilt, so sind damit ebensoviel verschiedene und selbständige Erlaubniserteilungen erfolgt und beurkundet, und es besteht darum kein Grund, mit dem Berufungsrichter das Vorliegen einer Mehrheit stempelpflichtiger Urkunden zu verneinen.

Nach § 17 des preuß. Gewerbesteuergesetzes vom 24. Juni 1891 werden allerdings mehrere Betriebe derselben Person als ein steuerpflichtiges Gewerbe zur Steuer veranlagt. Das bezieht sich aber nur auf die Gewerbesteuer und ist freilich auch für die Stempelabgabe aus Tarifst. 22c nicht ohne Bedeutung, insofern die Gewerbesteuerklasse als Maßstab für die Staffelung der Stempelabgabe vorgeschrieben ist. Keineswegs aber ist aus jener Bestimmung des Gewerbesteuergesetzes zu entnehmen, daß auch für die gewerbepolizeilichen Erlaubniserteilungen und für die hieran geknüpften Stempelabgaben die in mehreren Betriebsstätten stattfindenden Betriebe nur als ein Betrieb und die entsprechenden mehreren Erlaubniserteilungen nur als eine Erlaubnis dieses einen Betriebes anzusehen seien.

Hiernach ist der Klägerin kein Unrecht geschehen, wenn ihr für 29 von den Urkunden 29 mal der ihrer Gewerbesteuerklasse entsprechende Stempel von 15 *M*, für jede der übrigen 4 Urkunden aber nicht dieser, sondern nur der Ausfertigungsstempel abgefordert worden ist.

Zu verkennen ist nicht, daß die Klägerin in die Lage, die Stempelabgaben überhaupt noch einmal, und sogar in dem durch das Gesetz vom 26./30. Juni 1909 erhöhten Satze zu entrichten, nicht gekommen sein würde, wenn die Auffassung, daß die nach § 33 GewO. erforderliche Erlaubnis auch juristischen Personen erteilt werden kann, bei den zuständigen Behörden von jeher in Geltung gewesen wäre. Der Umstand, daß das nicht der Fall war, führt zu Härten, die zu bedauern sind, die jedoch an der rechtlichen Beurteilung nichts ändern können." ...

95. Darf bei Ermittelung des Ertragswerts eines Fideikommißguts ein Abzug für die eigene Tätigkeit des Besitzers gemacht werden?

Reichsstempelgesetz vom 15. Juli 1909 § 89.
Zuwachssteuergesetz vom 14. Februar 1911 § 68.
Erbschaftssteuergesetz vom 3. Juni 1906 § 16.

VII. Zivilsenat. Urt. v. 15. November 1912 i. S. preuß. Fiskus (Bekl.) w. v. Z. (Kl.). Rep. VII. 319/12.

I. Landgericht Magdeburg.
II. Oberlandesgericht Naumburg a. S.

Der Kläger hat als Besitzer des von Z.schen Familienfideikommisses gemäß § 89 RStempG. in der Fassung des § 68 des Zuwachssteuergesetzes von dem Fideikommiß eine jährliche Abgabe von $^2/_{90}$ des Wertes zu entrichten. Das Stempelsteueramt hat die Jahresabgabe auf 851 *M* berechnet, und der Kläger hat sie für die Jahre 1909 bis 1911 unter Vorbehalt bezahlt. Hiervon forderte er dreimal 85,54 *M* zurück, weil der Reinertrag, abgesehen von einer Differenz von 1606,88 *M*, namentlich insofern zu hoch angenommen sei, als der Wert der eigenen leitenden Tätigkeit des Klägers als Selbstbewirtschafters, die mit 15000 *M* jährlich angemessen bewertet werde, vom Rohertrage nicht in Abzug gebracht sei.

Das Landgericht wies die Klage ab. Auf die vom Kläger erhobene Berufung wurde der Klaganspruch dem Grunde nach für gerechtfertigt erklärt, und die Sache zur Verhandlung und Entscheidung über den Betrag an das Gericht erster Instanz zurückverwiesen. Die Revision des Beklagten wurde zurückgewiesen aus folgenden

Gründen:

„Die zur Berechnung der Fideikommißabgabe des § 89 RStempG. in der Fassung des Zuwachssteuergesetzes vom 14. Februar 1911 erforderliche Wertermittelung findet nach den Bestimmungen des § 16 des Erbschaftssteuergesetzes vom 3. Juni 1906 statt. Hiernach ist der Ertragswert zugrunde zu legen, und als solcher gilt das Fünfundzwanzigfache des Reinertrags, den die Grundstücke nach ihrer bisherigen wirtschaftlichen Bestimmung bei ordnungsmäßiger Bewirtschaftung nachhaltig gewähren können. Die Frage, die den eigentlichen Anlaß zum vorliegenden Rechtsstreite geboten hat, nämlich ob der klagende Fideikommißbesitzer bei Berechnung des Jahresreinertrags für die von ihm selbst als Oberleiter des Wirtschaftsbetriebes entfaltete Tätigkeit den Ansatz einer angemessenen Vergütung unter den Bewirtschaftungskosten verlangen darf, würde bei Anwendung des § 20 Ziff. II der Ausführungsbestimmungen zum Erbschaftssteuergesetz und bei folgerechter Durchführung des in § 22 Abs. 3 Satz 2 daselbst zum Ausdruck gelangten Gedankens zu verneinen sein. Denn an der ersten, die Bewirtschaftungskosten behandelnden Stelle ist ein Abzug für die Tätigkeit des Besitzers als Selbstwirtschafters nicht vorgesehen, und die zweite, auf verpachtete Grundstücke bezügliche Bestimmung läßt deutlich den Standpunkt erkennen, daß zur Ermittelung des Reinertrags eines Grundstücks in dem Falle, wenn es vom Besitzer selbst bewirtschaftet wird, für diese Tätigkeit ein ertragmindernder Abzug nicht einzutreten hat. Mit Recht erachtet aber der Berufungsrichter eine solche Regelung mit dem Grundgedanken der Erbschaftssteuer, wonach nur die durch den Erwerb von Todes wegen herbeigeführte Bereicherung getroffen werden soll, für unvereinbar.

Nach Ansicht des Berufungsrichters ist die Frage der Abzugsfähigkeit eines Vergütungsbetrags für Selbstbewirtschaftung bei landwirtschaftlichen Grundstücken nicht allgemeingültig zu bejahen oder zu verneinen, sondern nach Lage jedes Einzelfalles zu lösen. Diese Meinung unterliegt keinem rechtlichen Bedenken und ist auch von der Revision nicht angegriffen worden. Insofern weicht das Berufungsurteil auch nicht von dem Standpunkt ab, der in dem Erlasse des preußischen Finanzministers vom 12. Mai 1911 — III 5250/II 5804 — vertreten ist. Der Berufungsrichter hat nun erwogen, zur Ermittelung des Reinertrags sei vom Rohertrage der Wert der eigenen Tätigkeit des Selbstwirtschafters mindestens dann und insoweit in Abzug zu bringen, als, immer unter Zugrundelegung der durchschnittlichen Verhältnisse einer ordnungsmäßigen Bewirtschaftung, durch die Arbeit des Eigenwirtschafters eine sonst im Betrieb erforderliche Arbeitskraft, regelmäßig also die eines zur obersten Leitung des Betriebes geeigneten Angestellten, ersetzt werde.

Die Revision meint, der Vorderrichter habe hiermit einen Abzug allgemein für gerechtfertigt erklärt, wo der Besitzer durch seine Tätigkeit einen Angestellten ersetze, und habe sich durch Aufstellung einer solchen allgemeinen Regel über die Zulässigkeit des Abzugs mit seinem oben erwähnten grundsätzlichen Standpunkt in Widerspruch gesetzt. Dieser Vorwurf erscheint nicht begründet. Ein gewisser leitender Gedanke für die Beurteilung gleichgearteter Fälle läßt sich auch bei Entscheidungen, die von Fall zu Fall zu treffen sind, nicht entbehren. Die Erwägung des Vorderrichters ist erkennbar auf große Wirtschaftsbetriebe, zu denen auch der Betrieb des Klägers gehört, abgestellt. Innerhalb dieses Rahmens will der Berufungsrichter den Abzug zulassen, wenn sachgemäß eine zur obersten Leitung des Betriebes erforderliche Arbeitskraft durch die eigene Tätigkeit des Besitzers erspart und ersetzt wird. Dieser Auffassung ist beizustimmen. Ist für die Bewirtschaftung eines Landguts zur oberen Betriebsleitung eine Arbeitskraft sachgemäß notwendig, so gehört die dieser Kraft gebührende Arbeitsvergütung zu den Kosten, die zur Ermittelung des Gutsreinertrags normalerweise berücksichtigt und vom Rohertrag abgezogen werden müssen. Leistet der Besitzer die Arbeit selbst, so darf er unter den zur Erzielung des Reinertrags erforderlichen Aufwendungen als eigenen Verdienst den Betrag in Ansatz bringen, der das angemessene Entgelt für die Oberleitung des ganzen Wirtschaftsbetriebes darstellt.

Die Revision macht sodann unter Hinweis auf frühere Ausführungen des Beklagten geltend, der tatsächlich ermittelte Reinertrag sei schon so mäßig berechnet, daß bei einem Abzuge, wie ihn der Kläger begehre, ein starkes Mißverhältnis zwischen dem Ertragswert und dem höheren Verkehrs- oder gemeinem Werte des Fideikommißguts hervortreten würde, während doch der Regel nach der Ertragswert nicht erheblich hinter dem Verkehrswerte zurückbleiben dürfe. Demgemäß hätte der Vorderrichter prüfen sollen, ob der zur Versteuerung gezogene Betrag angemessen sei; er würde dann gefunden haben, daß jener Betrag nicht zu hoch, und der Klaganspruch nicht begründet sei. Die Ausführungen des Beklagten nach dieser Richtung sind im angefochtenen Urteile nicht unbeachtet geblieben. Der Berufungsrichter hat sich jedoch mit Recht an die positive Vorschrift des § 16 Abs. 2 ErbschStG. gehalten, wonach keinesfalls mehr als der Ertragswert zu versteuern ist. Wenn nun auch zuzugeben ist, daß zwischen dem Ertragswert und dem Verkehrswert eines Grundstücks kein innerer Gegensatz besteht, daß vielmehr in der Regel der erstere in dem Preise zum Ausdruck gelangen wird, der unter normalen Verhältnissen zu erzielen ist, so können doch Verhältnisse, die bei der Preisbildung bedeutsam werden, im Einzelfalle zu Abweichungen zwischen beiden Werten und insbesondere auch dazu führen, daß der Ertragswert hinter dem Verkehrswerte zurückbleibt. Man darf dem letzteren nicht die Bedeutung eines Regulators des ersteren einräumen. Hier blieb nach dem Sachstande der Vorinstanz unter den Rechnungsfaktoren des für die Bestimmung des Gutsertragswertes maßgebenden Jahresreinertrags im wesentlichen nur der Abzug streitig, den der Kläger für seine eigene wirtschaftliche Tätigkeit in Rechnung stellen wollte. Danach hatte der Berufungsrichter keinen Anlaß, in einem weiteren Umfange, als geschehen, die Berechnung des Ertragswertes und dessen Angemessenheit in den Kreis seiner Betrachtung zu ziehen." ...

---

96. Zur Frage der Verjährung eines Anspruchs auf Löschung einer Firma im Handelsregister (§ 8 des Gesetzes zur Bekämpfung des unlauteren Wettbewerbes vom 27. Mai 1896).

II. Zivilsenat. Urt. v. 19. November 1912 i. S. G. (Kl.) w. G. (Bekl.). Rep. II. 185/12.

I. Landgericht II Berlin, Kammer für Handelssachen.
II. Kammergericht daselbst.

Im März 1908 wurde eine offene Handelsgesellschaft, bestehend aus der verklagten Ehefrau G. und ihrem Bruder, unter der Firma G. & Co. in das Handelsregister zu Berlin eingetragen. Die Gesellschaft wurde am 17. November 1910 aufgelöst, und die verklagte Ehefrau G. als alleinige Inhaberin der Firma eingetragen. An demselben Tage wurde eine neue offene Handelsgesellschaft, bestehend aus der verklagten Ehefrau G. und dem mitverklagten H., unter der Firma G. & Co. Beerdigungsinstitut in Berlin in das Handelsregister eingetragen. Die Klägerin erhob im Dezember 1910 auf Grund des § 8 UWettbewG. Klage auf Löschung der Firma G. & Co. im

Handelsregister. Die Klage wurde wegen Verjährung abgewiesen. Auf Revision wurde das Berufungsurteil aufgehoben aus folgenden

Gründen:

„Soweit der Antrag auf Verurteilung der Beklagten zur Einwilligung in die Löschung der Firma G. & Co. auf das Gesetz zur Bekämpfung des unlauteren Wettbewerbes vom 27. Mai 1896 gestützt ist, hat das Berufungsgericht die Verjährungseinrede aus § 11 a. a. O. für begründet erachtet. Bei seiner Entscheidung ist es von der Unterstellung ausgegangen, daß der Gebrauch der Firma G. & Co. geeignet sei, eine Verwechselung mit der Firma der Klägerin hervorzurufen. Es hat sodann aber erwogen, die Klägerin habe bald nach der im Jahre 1908 erfolgten Eintragung der Firma G. & Co. im Handelsregister hiervon Kenntnis erlangt. Mit Erlangung dieser Kenntnis habe der Lauf der im § 11 bestimmten Verjährungszeit von sechs Monaten begonnen, so daß der Unterlassungsanspruch schon Ende 1908 oder Anfang 1909, also bereits vor der erst im Dezember 1910 zugestellten Klage, verjährt gewesen sei. Der Unterlassungsanspruch, dem schon damals die Einrede der Verjährung entgegengestanden habe, habe nicht dadurch wieder aufleben können, daß im Herbst 1910 ein bisheriger Gesellschafter aus der Gesellschaft ausschied und an seiner Stelle H. als Gesellschafter eintrat.

Die Entscheidung würde rechtlich nicht zu beanstanden sein, wenn die Anmeldung zur Eintragung der Firma G. & Co. in das Handelsregister nur als selbständige, für sich abgeschlossene Handlung in Betracht käme. Aber gerade der Ausgangspunkt des Berufungsurteils ist rechtsirrtümlich. Schon in der Anmeldung einer Firma zum Handelsregister mit dem Erfolge der Eintragung liegt, wie im Urteile Entsch. des RG.'s in Zivils. Bd. 22 S. 58 näher ausgeführt ist, ein Gebrauch der Firma. Denn die Anmeldung der Firma hat die Bedeutung, daß, wenn ihr Folge gegeben wird, dadurch die Kundgebung erfolgt, daß der Anmeldende seine Geschäfte im Handel unter diesem Namen betreibe. Dieser in der Anmeldung einer Firma sich äußernde Gebrauch gelangt nun aber nicht mit ihrer Eintragung in das Handelsregister zum vollständigen Abschlusse; vielmehr bildet er nur ein Glied in der Kette der auf einheitlichem Entschlusse beruhenden, auf fortdauernde Führung der Firma während des ganzen geschäftlichen Verkehrs gerichteten Gebrauchsakte, so daß diese zu einem einheitlichen Ganzen verbunden sind und erst mit der Einstellung des geschäftlichen Verkehrs unter der eingetragenen Firma zum vollständigen Abschlusse gelangen. Die Eintragung einer Firma in das Handelsregister erzeugt einen Dauerzustand. Das Benutzen einer Firma, wie es § 8 UWettbewG. a. F. und nunmehr § 16 UWettbewG. n. F. im Auge hat, bedeutet nicht die einmalige Annahme einer Firma für ein Geschäft, sondern begreift die fortdauernde Führung der Firma während des ganzen geschäftlichen Verkehrs in sich. Es ist auch ohne weiteres klar, daß nicht die einmalige Annahme einer Firma, sondern ihr dauernder Gebrauch im Geschäftsleben die mißbilligte Gefahr der Verwechselung erzeugt. Der fortwährende Gebrauch einer Firma läßt sich zufolge des von vornherein hierauf gerichteten und sich in der Gleichartigkeit der Benutzung vollziehenden Willens nach allgemeinem Sprachgebrauch und ganz abgesehen von dem besonderen Bedürfnissen strafrechtlicher Praxis dienenden Begriffe als eine fortgesetzte Handlung bezeichnen. In einem Falle solcher Art entsteht mit jedem Gebrauchsakte der Unterlassungsanspruch aus § 8 UWettbewG., und damit beginnt auch der Lauf der Verjährung. Wie aber mit jedem weiteren Gebrauche der Unterlassungsanspruch sich erneut, so kann auch die Verjährung nicht vor Einstellung des Gebrauchs zur endgültigen Vollendung gelangen. Dies wird in der Begründung zum § 11 des Entwurfs des UWettbewG. a. F. als selbstverständlich angesehen. Darin heißt es nämlich:

„Es bedarf nicht des besonderen Ausdrucks, daß jede wiederholte Zuwiderhandlung einen neuen Anspruch erzeugt, der einer besonderen Verjährung unterliegt."

Eine andere Auffassung würde sich nur dann rechtfertigen lassen, wenn man annehmen könnte, daß mit Ablauf der Verjährungszeit seit dem ersten Gebrauchsakte ein wohlerworbenes Recht auf Fortbenutzung der Firma entstünde. Davon kann jedoch keine Rede sein, weil die Verjährung nur, soweit sie Platz greift, das Klagerecht des Berechtigten zum Erlöschen bringt, aber mangels besonderer Gesetzesbestimmung keineswegs den unrechtmäßigen Gebrauch zum rechtmäßigen macht.

Hiernach ist das Berufungsurteil aufzuheben insoweit, als die Klage auf Löschung der Firma G. & Co. wegen Verjährung abgewiesen ist." . . .

97. Finden die Verjährungsvorschriften des § 638 BGB. auch Anwendung auf den Anspruch des Bestellers auf Ersatz der zur Beseitigung eines Mangels des Werkes erforderlichen Aufwendungen nach § 633 Abs. 3 BGB.?

III. Zivilsenat. Urt. v. 19. November 1912 i. S. S. K. M. (Kl.) w. K. S. (Bekl.). Rep. III. 504/11.

I. Landgericht Darmstadt.
II. Oberlandesgericht daselbst.

Die in den Vorinstanzen nicht erörterte Frage ist vom Reichsgerichte bejaht worden aus folgenden

Gründen:

... „In der Rechtslehre wird überwiegend angenommen, daß der Ersatzanspruch des § 633 Abs. 3 BGB. der kurzen Verjährung des § 638 nicht unterliegt, so von Planck (3. Aufl.) Anm. 3a, Staudinger (3/4. Aufl.) Anm. 2b, Oertmann (3/4. Aufl.) Anm. 5 zu § 638, Dernburg, Bürgerliches Recht (3. Aufl) Bd. 2, 2 § 320 S. 501, während Cosack, Lehrbuch des Deutschen Bürgerlichen Rechtes (5. Aufl.) Bd. 1 S. 618 § 148 II 5 g, und Crome, System des Bürgerlichen Rechtes Bd. 2, 2 § 265, 5 d S. 687 die gegenteilige Meinung vertreten. Eine nähere Begründung ist, soweit bekannt, weder für die eine noch für die andere Meinung gegeben worden.

Für die Verneinung der Anwendbarkeit des § 638 BGB. auf den Ersatzanspruch des § 633 Abs. 3 scheint der Wortlaut des § 638 zu sprechen. Denn dieser führt nur den Anspruch des Bestellers auf Beseitigung eines Mangels des Werkes sowie auf Wandelung, Minderung und Schadensersatz auf, nicht ausdrücklich auch den Anspruch auf Ersatz der zur Beseitigung des Mangels erforderlichen Aufwendungen. Ein entscheidendes Gewicht ist indes hierauf nicht zu legen. Denn der Anspruch auf Ersatz dieser Aufwendungen ist nach der Fassung des § 633 nur als ein Ausfluß, als eine Abart des Anspruchs auf Beseitigung des Mangels anzusehen und unter dem Anspruch auf Beseitigung des Mangels in § 638 mitzuverstehen. Dafür spricht die Entstehungsgeschichte des § 633 Abs. 3. Der Entwurf des BGB. § 569 enthielt diese

Bestimmung nicht; sie wurde bei der zweiten Lesung des Entwurfs unter Hinweis auf § 514 Abs. 3 (entsprechend dem § 538 Abs. 3 BGB.) aufgenommen; redaktionell wurde dabei in Anregung gebracht, diesen Zusatz als einen besonderen Paragraphen zu fassen. S. Prot. 2. Lesung (Guttentag'sche Ausgabe) Bd. 2 S. 309/310. Dieser Anregung, die Bestimmung in einen besonderen Paragraphen zu fassen, ist keine Folge gegeben worden; sie bildet nur einen Absatz des das Recht auf die Beseitigung des Mangels behandelnden Paragraphen. Bei der Beratung des dem § 638 BGB. entsprechenden § 571 Entw. 1 ist, obwohl dieser Paragraph des ersten Entwurfs in mehrfacher Hinsicht ergänzt und abgeändert wurde, die dem § 569 des Entwurfs hinzugefügte Bestimmung nicht erwähnt worden. Daraus erhellt, daß jedenfalls die Mitglieder der zweiten Kommission nicht die Meinung gehabt haben, mit jener Zusatzbestimmung ein besonderes Recht des Bestellers geschaffen zu haben, das hinsichtlich der Verjährung anders zu behandeln wäre, als das Recht auf Beseitigung des Mangels selbst. Hätten sie dies gewollt, so hätte es notwendig ausgesprochen werden müssen. Denn die Gründe, welche die Einführung der kurzen Verjährung für die Ansprüche auf Beseitigung des Mangels, auf Wandelung, Minderung und Schadensersatz veranlaßt haben, liegen auch bei dem Ersatzanspruche des § 633 Abs. 3 vor.

Die Motive zu § 571 Entw. 1 — Bd. 2 S. 486 flg. — verweisen im allgemeinen auf die zu § 397 gegebene Begründung für die kurze Verjährung der Gewährleistungsansprüche beim Kauf. Sie erörtern besonders das bei der Beratung des Dresdener Entwurfs hervorgetretene Bedenken, daß der Anspruch des Bestellers verjähren könne, ehe er noch von dem Vorhandensein des Mangels als der Voraussetzung seines Anspruchs Kenntnis erlangt habe, und weiter, daß der Besteller wegen des drohenden Ablaufs der Verjährung genötigt sein könne, von einer Fristsetzung zur Beseitigung des Mangels abzusehen und sofort auf die Beseitigung zu klagen, und sie erklären diese Bedenken für nicht ausschlaggebend.

Die Motive zu § 397 Entw. 1 aber sagen — Bd. 2 S. 238 —, daß das Recht auf Wandelung und Minderung im geltenden Rechte überall einer kurzen Verjährung unterworfen sei, „weil die Ermittelung und Feststellung von Qualitätsmängeln nach Verlauf längerer Zeit kaum ausführbar und für den Verkehr die Zulassung des Zurückgreifens auf solche Mängel nach längerer Zeit im höchsten Grade lästig und hemmend ist". Und auf S. 240 wird die Unterwerfung auch des Schadensersatzanspruchs unter die kurze Verjährung damit begründet, daß andernfalls der praktische Zweck der kurzen Verjährung nur unvollkommen erreicht würde.

Die Feststellung der Mängel wird dadurch, daß der Besteller sie beseitigt, nur erschwert. Das Verkehrsbedürfnis, das der Geltendmachung solcher Mängel nach längerer Zeit entgegensteht, liegt also bei dem Anspruch aus § 633 Abs. 3 in gleicher Weise vor, wie bei den Ansprüchen aus §§ 634 und 635. Der Ersatzanspruch des § 633 Abs. 3 ist weder ein Anspruch auf unmittelbare Erfüllung des Vertrags, noch ein solcher aus Geschäftsführung ohne Auftrag, sondern er entsteht, wie die Gewährleistungsansprüche und der Anspruch auf Schadensersatz nach § 635, aus einem Mangel des hergestellten Werkes und steht dem Schadensersatzanspruche, der vielfach, wie auch im vorliegenden Falle, gleichfalls nur den Ersatz der zur Beseitigung des Mangels aufgewendeten Kosten erstrebt, seinem Wesen nach nahe. Irgendwelche sachlichen Gründe, die gegen die Erstreckung der Verjährungsbestimmungen des § 638 auf den Ersatzanspruch des § 633 Abs. 3 sprächen, sind nicht ersichtlich, die Anwendung des § 638 ist daher auch auf diesen Ersatzanspruch gerechtfertigt." ...

Register.

Die beigesetzten Zahlen beziehen sich auf die Seiten.

A. Sachregister.

A

H

J

K

L

M

N

S

B. Gesetzesregister.

1. Reichsgesetze.

a. Bürgerliches Gesetzbuch.

2. Landesrecht.

Baden.

Preußen.

a. Allgemeines Landrecht.

b. Rheinisches Recht.

Code civil.

c. Einzelne Gesetze und Verordnungen.

3. Gemeines Recht.

4. Ausländisches Recht.

Frankreich.

Code civil.

Österreich.

C. Zusammenstellung der Entscheidungen nach der Zeitfolge.

Seite

Zusammenstellung

der

im achtzigsten Bande, der neuen Folge dreißigsten Bande,

mitgeteilten Entscheidungen

nach

Oberlandesgerichtsbezirken.

Berlin	2. 3. 4. 7. 10. 12. 13. 17. 18. 19. 24. 30. 32. 34. 38. 46. 48. 50. 51. 53. 56. 57. 60. 61. 64. 65. 71. 75. 79. 81. 82. 86. 90. 91. 94. 96.
Braunschweig	55.
Breslau	1. 8. 26. 59. 62. 72.
Celle	6. 76. 80. 88. 89.
Colmar	14. 41.
Cöln	27. 39. 40. 43. 74.
Darmstadt	16. 97.
Dresden	35. 36. 84.
Düsseldorf	29. 47. 52. 69.
Frankfurt a. M.	15.
Hamburg	20. 31. 33. 54. 63. 67. 73.
Hamm	68. 93.
Karlsruhe	25. 42. 44.
Kiel	85. 92.
Königsberg	58.
Marienwerder	9. 37. 66.
München	49.
Naumburg a. S.	5. 21. 28. 95.
Posen	11. 23. 45. 77. 87.
Stettin	22. 70.

Patentamt	83.
Reichsgericht unmittelbar	78.

Berichtigungen.

Fünfundsiebzigster Band.

S. 347 Z. 15 v. o. statt „28. Februar" lies „3 März".

Neunundsiebzigster Band.

S. 129 Z. 14 v. o. statt „November" lies „Mai".

Achtzigster Band.

S. 98 Z. 8 v. u. statt „Aktien B" lies „Aktien A".
„ 348 „ 16 v. u. statt „Juni" lies „Juli".

Entscheidungen

des

Reichsgerichts.

Herausgegeben

von

den Mitgliedern des Gerichtshofes und der Reichsanwaltschaft.

Entscheidungen in Zivilsachen.

Neue Folge.

Dreißigster Band.

Der ganzen Reihe achtzigster Band.

Leipzig,
Verlag von Veit & Comp.
1913

Entscheidungen

des

Reichsgerichts

in

Zivilsachen.

Neue Folge.

Dreißigster Band.

Der ganzen Reihe achtzigster Band.

Leipzig,
Verlag von Veit & Comp.
1913

Druck von Metzger & Wittig in Leipzig.

Inhalt.

I. Bürgerliches Recht.

a. Reichsrecht.

b. Landesrecht.

W

FSC
www.fsc.org
MIX
Papier | Fördert gute Waldnutzung
FSC® C083411

Kolibri 360 GmbH
Ferdinand-Jühlke-Straße 7
99095 Erfurt, Deutschland
produktsicherheit@kolibri360.de